先生のための Padlet(パドレット) 入門

子どもの気づきと学びを育むコミュニケーションツール

古矢岳史・二川佳祐・海老沢 穣・豊福晋平 [著]

インプレス

はじめに

　本書を手に取ってくださり、ありがとうございます。

　私は東京都の公立小学校の担任として、読者の教員の皆さんと同じように、授業準備や校務に追われながらの日々を過ごしています。私は学校現場でアナログとデジタルの良さを模索しながら、さまざまなICTツールを活用して、子どもたちが主体的に学びを深められる環境づくりに取り組んできました。その中で、GIGAスクール構想が実現して以来の数年、特に活用の幅が広く、効果的だと感じているのがPadletです。

　Padletは、シンプルな操作性がありながら、子どもたちのアイデアや学びの過程を可視化し、クラス全体そして、外部にまで共有できる強力なツールです。プリントなどアナログ時代の代替だけでなく、コラボレーションやプレゼンテーション、振り返りの記録など、多様な用途で活用できます。本書では、まだ知られていないことが多い、その具体的な活用方法を紹介しながら、授業におけるPadletの可能性を最大限に引き出す方法をお伝えすることを目的に書き上げた、「世界初!!」のPadlet専門書です。

　本書は、小学校・中学校・高校、大学の先生方や、教育に携わる方々を対象としています。

　「Padletを使ってみたいけど、どこからはじめれば良いかわからない」「授業や校務での効果的な活用方法を知りたい」という方に向けて、基本的な使い方から応用的な実践まで幅広く紹介しています。また、すでにPadletを活用している先生方にも、新たな視点や授業アイデアを提供できるように、さまざまな事例を収録しました。本書は大きく、以下の構成でまとめています。

第1章　PadletとはどんなICTツール？

　Padletの基本的な特徴や教育現場での活用の可能性について解説しながら、アカウントの登録方法、最初に押さえておきたい基本操作などを紹介します。他のICTツールとの違いについても触れながら、Padletがどのように学びを支えるのかを紹介します。

第2章　Padletの基本操作と機能

　Padletで利用可能なボードのフォーマット、アップロード可能なデータの種類、ボードの作成方法、リンクの活用方法など、初心者が押さえておきたい基本的な使い方を詳しく解説します。授業で使うための準備や設定のコツについても丁寧に順を追って紹介しています。

第3章　授業での活用事例［低学年・中学年］

　Padletを初めて使うときの導入にオススメの活用事例から、小学校低学年・中学年におけるPadletの活用事例を具体的に紹介します。国語・算数・生活科・図工など、子どもたちが直感的に使える場面での活用方法を中心に解説します。

第4章　授業での活用事例［高学年・特別支援学級］

　小学校高学年でのPadlet活用事例を紹介します。思考の可視化やグループワーク、プレゼンテーションの場面など、より発展的な活用方法について具体例を交えながら解説します。また特別支援学校の教員として、特別支援×ICT教育で最先端の実践を長年されてきた、一般社団法人SOZO.Perspective代表理事の海老沢 穣さんによる特別支援学級での実践事例も紹介いただいています。

　また、第3、4章ではICT活用最先端校である、八丈町立三根小学校の先生方の実践を多数収録してあります。

第5章　学校行事・校務での活用事例

　授業だけでなく、学校行事や校務におけるPadletの活用方法を紹介します。研修や職員会議、保護者とのコミュニケーション、学校イベントの運営など、実際の活用事例をもとに、Padletの可能性を探ります。

第6章　校内活用の広げ方

　個人の授業での使用にとどまらず、校内でPadletを広げていくためのアイデアや取り組みを紹介します。先生同士での情報共有や、校内研修での導入、

ICT推進の視点からの活用についても提案します。第5、6章は私と同じく、東京都の公立教員として校内研究や働き方改革を推進しながら発信をし続けている二川佳祐さんが校内で活用し、広げていくポイントをたくさん紹介してくださっています。

第7章　デジタル・コミュニケーションの要点

　Padletを使ったデジタル・コミュニケーションのポイントについて解説します。伝わる書き方・共有の工夫・効果的なフィードバックを解説。デジタル・ツールを活かし、児童同士の学び合いや円滑な対話を促進する実践的な方法を紹介します。長年にわたり教育と情報化のテーマに取り組んでこられた、国際大学GLOCOMの豊福晋平さんがPadletを通したデジタル・コミュニケーションの指導方法について、深く考察いただいています。

　本書を通じて、読者の皆さんは以下のことを得られます。

- **Padletの基本操作をマスターし、授業ですぐに活用できるようになる。**
- **実際の授業事例をもとに、どのように使えば効果的か具体的なイメージを持てる**
- **Padletを活用した授業デザインのヒントを得られる。**

　Padletはたんなるデジタル掲示板ではなく、学びのプロセスを共有し、思考を可視化する強力なオンラインコミュニケーションツールです。本書を通じて、その可能性を存分に活かしていただければと思います。

　Padletは非常に便利なツールですが、学校や自治体ごとに使用ルールが異なるかと思います。必ず以下の点に留意して、活用を進めてください。

- **アカウントの作成や利用に制限がある場合があるため、所属する自治体や学校のガイドラインを確認する。**
- **児童・生徒がPadletを使用する際の個人情報の管理に注意する（本名や個人を特定できる情報を投稿しない）。**

- 授業での利用を想定した設定を適切に行う（パスワード保護、コメント管理など）。
- 外部共有の際は、訪問者の権限を適切に設定する。

　Padletの機能は日々アップデートされており、新たな活用方法が次々と生まれています。本書の内容を参考にしながら、ぜひ先生方自身の授業に合った使い方を模索し、実践してみてください。

　本書は、たんなるPadletの使い方を学ぶためのハウツー本ではありません。

　Padletを活用することで、子どもたちの学びはどのように変容し、協働的な学びへと発展していくのか。そして、新しいICTツールをどのように校内で広げていくのか──。

　著者4人がそれぞれの視点から掘り下げ、多角的に論じています。

　実践と理論の両面から、何度でも学びを深められる一冊になっています。

2025年2月　古矢岳史

本書は、無料版Padletの操作方法や実践事例について、2025年2月時点での情報を掲載しています。
本文内の製品名およびサービス名は、一般に各開発メーカーおよびサービス提供元の登録商標または商標です。
なお、本文中にはTMおよび®マークは明記していません。

先生のための Padlet 入門　目次

はじめに ……………………………………………………… 002

第1章 Padletとは どんなICTツール？ …… 013

Lesson 01 最強のコミュニケーションツール Padlet とは？ …… 014

Lesson 02 Padlet の最大の強み！
相互評価、外部連携・外部評価 …………………… 016

Lesson 03 さあ、はじめよう！
アカウント登録・ボードを作成する ………………… 018

Lesson 04 紹介URLで子どもを招待し、名前を変更させよう！ …… 022

Lesson 05 ［ウォール］に投稿・コメントさせてみよう ……………… 026

第2章 Padletの 基本操作と機能 …… 029

Lesson 06 ボードのフォーマットは6種類
それぞれの特徴を知ろう …………………………… 030

Lesson 07 Padlet でアップロード可能な
データフォーマットは？ …………………………… 037

Lesson 08 ボードの作り方キホンのキ。
自己紹介カードを作ってみよう ———— 047

Lesson 09 リンクを作成・活用しよう ———— 055

Lesson 10 シェア機能を使いこなそう ———— 058

Lesson 11 スライドショーを使いこなそう ———— 061

Lesson 12 多様なエクスポートを使いこなそう ———— 063

Lesson 13 セキュリティも万全。
安心して使うための設定方法 ———— 068

Lesson 14 Jamboard超えのホワイトボード
Sandboxを使いこなそう ———— 072

Column コラム テンプレートボードを作ろう！ ———— 078

第3章 授業での活用事例 [低学年・中学年] ———— 079

Lesson 15 Padletの導入に最適な使い方
「お礼の気持ちを伝える」 ———— 080

Lesson 16 導入時はまず、子どもの感想や成果物を
シェアしてみよう ———— 082

Lesson 17 導入に最適！
ポータルサイトとしてのPadletのススメ ———— 084

Lesson 18 非言語で投稿＆リアクションできる
Padletの強みを活かした使い方 ———————— 086

Lesson 19 コマ撮り動画のシェア「〇〇の大冒険」———————— 088

Lesson 20 シャイな子でも取り組みやすい
「ありがとう」をあつめよう ———————— 090

Lesson 21 振り返りの質が上がる「作ってためして」———————— 092

Lesson 22 家庭の取り組みをみんなで共有
「かぞくにこにこ大さくせん」———————— 094

Lesson 23 授業と出会ったときに問いを作る ———————— 097

Lesson 24 総合的な学習の時間でかるたを作る ———————— 100

Lesson 25 学級活動の「いいとこ見つけ」を
Padletで効果的に行おう ———————— 102

Lesson 26 『うめのき村の4人兄弟』の意見交換から
自分の考えを深める ———————— 105

Lesson 27 紙でやるより効果的＆効率的「作文を読み合おう」—— 108

Lesson 28 友達の考えが一気に見える
「計算の仕方を考えよう」———————— 110

Lesson 29 制作過程を蓄積し、振り返る「ビー玉コース」———————— 112

Column コラム AIボード（カスタムボード）の活用法① ———————— 114

第 4 章 授業での活用事例 [高学年・特別支援] ……… 115

Lesson 30 Padletで考えを深める
「溶けたものを取り出す（考察）」……………………………… 116

Lesson 31 ［マップ］をうまく使った学習
「水産業のさかんな地域」……………………………………… 118

Lesson 32 AI画像生成機能を音楽鑑賞に活用する ……………… 121

Lesson 33 総合的な学習の時間でどう使う？
「八丈島のおすすめスポット」………………………………… 124

Lesson 34 国語のグループワークで
『やまなし』を題材にした事例 ……………………………… 126

Lesson 35 Padlet×自由進度学習で6年間の算数を総まとめ ……… 128

Lesson 36 社会科の歴史単元を深めるPadlet活用 ……………… 131

Lesson 37 Google Earth×Padletで
「地層探し」がより豊かに ……………………………………… 134

Lesson 38 外国語のパフォーマンス課題も
Padletの［マップ］が便利 ………………………………… 136

Lesson 39 家庭での実践報告にPadlet Sandboxを活用 ……… 140

Lesson 40 発展的な学習内容における数学的活動の
Padlet実践 …………………………………………………… 143

Lesson 41 プロジェクト学習にPadletをいかに使うか ⋯⋯⋯⋯ 146

Lesson 42 子どもたちの強みを活かす
特別支援教育でのPadlet活用 ⋯⋯⋯⋯⋯⋯⋯⋯⋯⋯ 150

Lesson 43 専門教科の8コースからキャラクター画像を生成 ⋯⋯⋯ 153

Lesson 44 Padletを活用した交流及び共同学習のススメ ⋯⋯⋯ 156

Lesson 45 特別支援学級でのコミュニュケーション ⋯⋯⋯⋯⋯ 158

Lesson 46 研修会でのPadlet活用 ⋯⋯⋯⋯⋯⋯⋯⋯⋯⋯⋯⋯ 160

Column コラム AIボード（カスタムボード）の活用法②
歴史的出来事マップの作成 ⋯⋯⋯⋯⋯⋯⋯⋯⋯⋯⋯⋯ 164

第5章 学校行事・校務での活用事例 ……… 165

Lesson 47 移動教室の実況中継をPadletで！ ……… 166

Lesson 48 保護者との情報共有を簡単に、そして豊かに ……… 169

Lesson 49 アイスブレイクでPadletを浸透 ……… 172

Lesson 50 Padletで職員室開きを！ ……… 174

Lesson 51 校務で使ってこそ授業に活きる ……… 178

Lesson 52 Padletで研究の足跡を！ ……… 181

Lesson 53 Padletで教員の問いを洗い出す ……… 184

Lesson 54 研究発表会でのポータルサイト活用 ……… 187

第6章 校内活用の広げ方 ……… 189

Lesson 55 Padletの校内への広め方 ……… 190

Lesson 56 「知らない」を「知る」に変える ……… 193

Lesson 57 Padletだけに固執しないマインド ……… 196

Column コラム 学びを彩る！ Padletのデザインとカスタマイズ性 ……… 198

第7章 デジタル・コミュニケーションの要点 ……… 199

Lesson 58 Padletで豊かに広がる、コミュニケーションの幅 …… 200

Lesson 59 Padletと学習指導 ……………………………………… 203

Lesson 60 デジタル・コミュニケーション事始め
入門期のPadlet ……………………………………… 206

Lesson 61 デジタル・コミュニケーション事始め
見習い期のPadlet ………………………………… 209

Lesson 62 デジタル・コミュニケーション事始め
熟達期のPadlet …………………………………… 211

おわりに ……………………………………………………… 213

Padlet CEOからのメッセージ ………………………… 214

付録　特典テンプレートの使い方 ……………………… 218

索引 …………………………………………………………… 220

chapter
1

第1章

Padletとは
どんなICTツール？

この章では、Padletの基本的な特徴や教育現
場での活用の可能性について解説します。ま
た、アカウントの登録やはじめに押さえておき
たい基本的な操作方法についても解説します。

Lesson 01 最強のコミュニケーションツール Padletとは？

「PadletってどんなICTツールなの？」そんな疑問を持つ方のために、基本機能をベースに、その無限の可能性を紹介します（文／古矢岳史）。

1 | Padlet＝最強のオンラインコミュニケーションツール

Padletはオンライン掲示板とSNSの良いとこ取りをしたような、高機能のオンラインコミュニケーションツールです。6種類のフォーマット（レッスン06で後述）の中からボードを選んで作成し、そのボードに自分がシェアしたい画像やファイルなどを簡単に投稿し、すぐにシェアできます。下図のように、画像・動画・音声・Officeファイル・Webページのリンク、Googleドライブや生成AIの成果物まで、あらゆるデータを投稿し、一覧にして共有できるのです。

また、4種類のボタンから選択できるリアクション（[いいね]など）やコメント機能など、投稿に対してすぐに、そして気軽にリアクションもできます。まるでSNSツールを使っているような感覚で、学習の状況や成果、学習者や教育者の思いを公開し、オンライン上でコミュニケーションをとることのできる最強のツールがPadletなのです。

※アップロードできるデータのフォーマットについては、レッスン07で詳しく解説します

2 | URLで即使える！　多彩な表示・共有機能

ボードの共有も簡単です。共有相手にリンク先URLを送るだけで、アカウントを作成することなく、Padletの機能のすべてをPCやスマホ、タブレットのWebブラウザはもちろん、iOS、Androidのアプリでも使うことができます。学校で使用許可さえ出れば、明日の授業から活用できるのです。また、研修会の場面や校外の人たちともURLのみでボードを共有し、インタラクティブにやり取りすることが可能です。コンテンツはすぐにスライドショーとして表示したり、PDFの資料としてエクスポートしたりすることも簡単にできます。Padletひとつで多くの機能をカバーできる、オールインワンなアプリです。

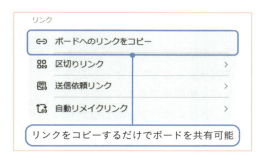
リンクをコピーするだけでボードを共有可能

リンク1つで多様なデバイスからアクセス可

3 | 魅力的なデザインでアイデアを整理

これまで学校現場で使われていた学習支援ソフトは、どこか退屈でワクワクするものではありませんでした。Padletの場合、ボードの壁紙やアイコンや投稿フィールドは自由にカスタマイズできます。行事の振り返りならクラスの集合写真を背景にしたり、書写の課題文字の風景を背景にしたりできます。子どもたちは自分たちのために作られたボードに楽しそうに自分の表現したいものを投稿しています。投稿のサイズや位置は自動的に調整され、［ウォール］［ストーリーボード］［マップ］［キャンバス］［ストリーム］など多様なボードに、自由に配置できます。ファイルを投稿すると、プレビュー画面が表示され、視覚的に整理されているので、低学年でも簡単に操作できます。

投稿したプレビュー画面が見やすく表示される

投稿のサイズや位置は自動的に美しく調整される

Lesson 02

Padletの最大の強み！
相互評価、外部連携・外部評価

学習指導要領で示されている『主体的・対話的で深い学び』の実現に、Padletは重要な役割を果たします。その理由を説明します（文／古矢岳史）。

1 | 主体的な学び

「学ぶことに対する興味・関心を持ち、（中略）自分の学習活動を振り返り次に活かす『主体的な学び』が重要」と学習指導要領に記されています。

Padletを活用することで、毎回の学習を記録し、簡単かつ深く自己の学びを振り返ることができます。学習過程で得られた知識や経験を必要なときに振り返ることで、子どもたちは自分の成長を確認し、次の学びに対する意欲を高められることが期待できます。
また、Padlet上の過去の学習アーカイブにいつでもアクセスできるため、学びのつながりを意識しながら自分の学習を進められるようになります。これにより、自分の学習過程を把握することが簡単にできます。自分の学習過程や進捗状況を視覚的に確認することで、何ができて、何がこれからの課題なのか意識して学習に取り組むことができます。

2 | 対話的な学び

「子ども同士の協働、教職員や地域の人との対話、（中略）等を通じ、自己の考えを広げ深める『対話的な学び』の実現が重要」と学習指導要領に書かれています。

子どもたちはPadletの同じボード上で「共同編集」ができ、一緒に思考するといった「相互参照」ができます。また、子どもたちは投稿に対してコメントやリアクションを使ってフィードバックしたり、質問を投げかけたりするといった「相互評価」をすることで、学習内容の理解を深めたり、他者の意見を取り入れたりすることもできます。これにより、対話を通じての学びやコミュニケーションがより豊かになります。
そして、リンクを共有するだけで、担任以外の教員や保護者、地域の方とも簡単に同じボードを共有できる「外部連携」や、意見やコメントをいつでももらえるという「外部評価」を得ることができます。このような、オンラインでのやり取りが容易になることで、共同編集、相互参照、相互評価、外部連携、外部評価がPadletひとつで実現できます。

図で示したようなコミュニケーションが、Padletの最大の強みであると感じています。

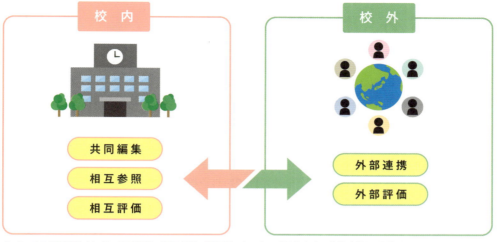

Padletでの学習活動中には、共同編集、相互参照・評価ができ、その成果をすぐに外部連携し、評価をもらうことができます

3 | 深い学び

「知識を相互に関連付け、深く理解したり、情報を精査し考えを形成したり、(中略) 思いや考えをもとに創造したりすることに向かう『深い学び』が重要」と学習指導要領に記されています。

Padletを活用した学習では、子どもたちは友達の投稿やコメントを見ながら自分の考えを伝え合っていきます。話すのが苦手な子でもオンライン上では活発に語ることができる。そんな姿をたくさん見てきました。また、[マップ]フォーマットで社会や理科の学習を進めると、自然と「見方・考え方」を働かせることができます。学習問題を子どもたちとともに創り上げ、課題の探求と解決という過程に取り組んでいけます。

[マップ]フォーマットで地域情報を共有した例

友達の投稿を見ることで、学びを深める

Lesson 03 さあ、はじめよう！アカウント登録・ボードを作成する

自分でPadletのボードを作成し、授業で活用していくにはアカウント作成が必要です。その際のポイントや注意点を解説します（文／古矢岳史）。

1 │ アカウントの紹介リンクを送信してもらう

Padletのアカウントを新規作成する際には、自分だけで新規登録するのではなく、必ず紹介リンクを利用しましょう。理由は、紹介リンクを利用すると、作成できるボード数が増えるからです。自分ひとりで登録するとボード数は3枚ですが、既にPadletアカウントを持っている人から紹介リンクを受け取って新規登録すると、ボード数は4枚になります。下図のように、Padletアカウントを持っている人に紹介リンクを送ってもらいましょう。

- まずPadletのアカウントを持っているユーザーがログインする
- 1. 画面右上のアカウント名をクリック
- 2. ［設定］をクリック
- 3. ［紹介］をクリック
- 4. ［クリップボードにコピー］をクリック
- コピーしたURLを紹介したい相手に送信

💡 Tips

紹介リンクがもらえない場合は？

紹介リンクをもらえない方は、自分でPadletの公式サイトにアクセスし、[サインアップ・無料です]をクリックしましょう。アカウントの登録の仕方は、以下の説明と同じ方法で行えます。

1. https://padlet.com/ にアクセス

2. [サインアップ・無料です]をクリック

2 | アカウントを登録する

1. 紹介リンクにアクセス

メールの他に、Apple、Google、Microsoftのアカウントを使用してPadletアカウントを作成できる

2. いずれかを選択

ここでは例としてGoogleアカウントを選択した。WebブラウザのChromeを使っている場合は、そのままログインできるので便利

3. [教師] をクリック

[教師] を選択すると、ボード作成時に教師向けテンプレートやAIを利用したボード作成が可能になる

プランの主な違いは、作成可能なボードの数とアップロード可能なファイルサイズ。まずは［無料］で試してみて、必要に応じてプランを切り替えるのがオススメ

4. ［無料］欄にある［今すぐはじめる］をクリック

画面が切り替わったら［次へ］をクリック

5. ［続行］をクリック

6. ボードの作成画面に切り替わるが、作成方法は後述するので、いったん画面左上の［Padlet］をクリックしてホーム画面に戻る

アカウント登録時に自動的にボードが作成されてしまった場合は、中途半端なのでいったん削除しておく

7. 自動作成されたボードを右クリックして、［ゴミ箱に移動］をクリック

8. ホーム画面左下にPadletで利用可能なボードの枚数が表示されるので確認

紹介リンクを利用しなかった場合は3件、利用した場合は1枚増えて4件になる

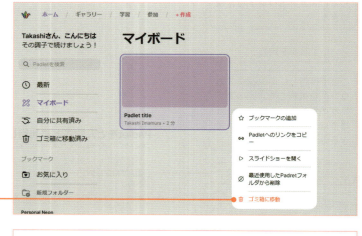

3 | ボードを作成してみよう

アカウントを登録したら、試しにボードを作成してみましょう。基本的なボード作成の手順は以下の通りです（ボードのフォーマットや具体的な作成方法については第2章で、授業での活用方法については第3章で詳しく解説します）。

なお、アカウントなしのゲストモードでもPadletを利用することは可能ですが、一度アカウントを登録しておけば、ボードをいつでも自由に作成し、設定を変えたりしながら活用できます。ぜひ、アカウント登録を済ませて、Padletを最大限に活用しましょう。

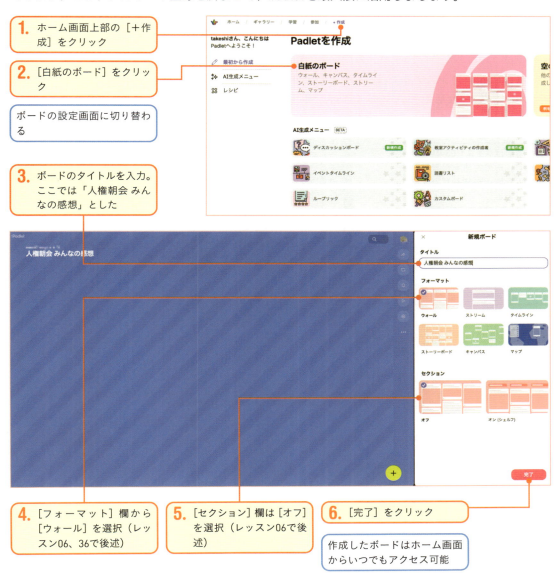

1. ホーム画面上部の［＋作成］をクリック
2. ［白紙のボード］をクリック

ボードの設定画面に切り替わる

3. ボードのタイトルを入力。ここでは「人権朝会 みんなの感想」とした
4. ［フォーマット］欄から［ウォール］を選択（レッスン06、36で後述）
5. ［セクション］欄は［オフ］を選択（レッスン06で後述）
6. ［完了］をクリック

作成したボードはホーム画面からいつでもアクセス可能

Lesson 04 紹介URLで子どもを招待し、名前を変更させよう！

いよいよ子どもたちを招待し、Padletを用いた活動をしてみましょう。初めて使う場合に子どもたちを招待する方法を解説します（文／古矢岳史）。

1 | 紹介リンクを子どもたちに送る

以下、3つの項目に分けて説明しますが、項目1と2を実施しなくても、3からPadletを使用することは可能です。ただし、ボード数を増やしたい場合は必ず1と2を実施してください。それでは、子どもたちにPadletアカウントの新規登録をしてもらう方法を紹介していきます。なおPadletのシステムでは、共有した紹介リンクから3人が新規登録すると、作成可能なボード数が1枚増えます。例えば15人にシェアしたならば、5枚ボードが増えることになります。

操作手順はレッスン03の項目1と同じ。その方法を参考に、子どもたちへの紹介リンクをコピーする

1. アカウント名をクリックして表示される［設定］をクリック
2. ［紹介］をクリック

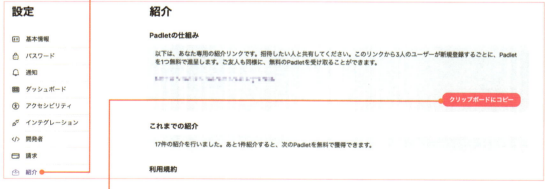

3. ［クリップボードにコピー］をクリック

コピーした紹介リンクをGoogle Classroomなどを利用して、子どもたちに共有

2 | 子どもたちにPadletに登録してもらう

レッスン03の項目2で行ったアカウント登録を、紹介リンクを受け取った子どもたちそれぞれで実行してもらいましょう。

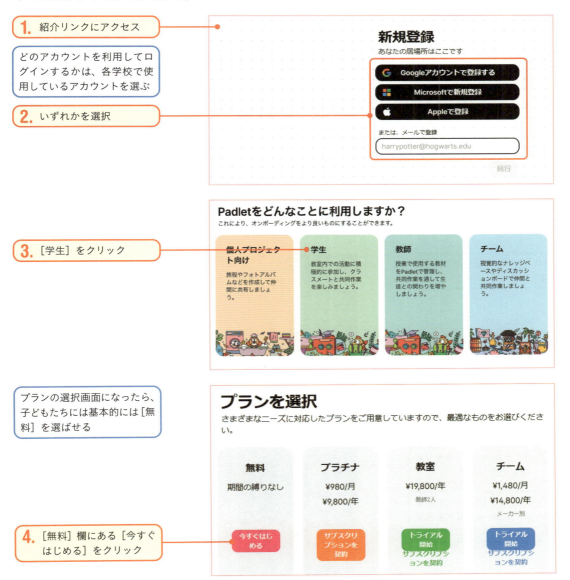

1. 紹介リンクにアクセス

どのアカウントを利用してログインするかは、各学校で使用しているアカウントを選ぶ

2. いずれかを選択

3. ［学生］をクリック

プランの選択画面になったら、子どもたちには基本的には［無料］を選ばせる

4. ［無料］欄にある［今すぐはじめる］をクリック

3 | 作成したボードのリンクをシェアする

子どもたちのPadletアカウントの登録が終わったら、ボードの作成や共有が行えるようになります。ここではまず、試しにレッスン03の項目3で作成したボードを、子どもたちにシェアしてみましょう。

シェアしたいボードを教員の側で開く

1. 右側のメニューから［共有パネルを開く］をクリック

[共有] の設定画面が表示される

2. ［ボードへのリンクをコピー］をクリック

コピーした紹介リンクをGoogle Classroomなどを利用して、子どもたちに共有

💡 Tips

二次元バーコードから招待することも可能

［QRコードを取得］※をクリックすると、二次元バーコードを発行できます。これをシェアすることで、子どもたちをボードに招待することもできます。カメラ付きのタブレットを使っている場合に便利です。

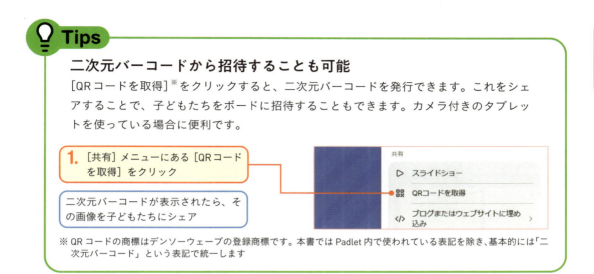

1. ［共有］メニューにある［QRコードを取得］をクリック
2. 二次元バーコードが表示されたら、その画像を子どもたちにシェア

※ QRコードの商標はデンソーウェーブの登録商標です。本書では Padlet 内で使われている表記を除き、基本的には「二次元バーコード」という表記で統一します。

4 ｜必要に応じて、登録名を変更する

表示される名前が匿名（anonymous）やアカウントのメールアドレスになることがあります。このままだと誰が投稿したのかわからなくなるため、はじめに名前を設定しておきましょう。一度設定すると、その情報は次回以降も自動で反映されます。

子どもたちは好きな名前に変えたがりますが、教育活動に使用することを説明し、本名で入力するように伝えましょう。

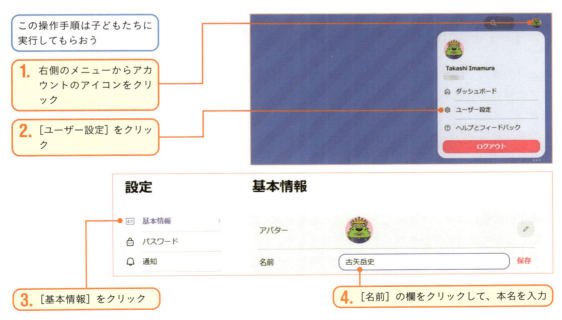

この操作手順は子どもたちに実行してもらおう

1. 右側のメニューからアカウントのアイコンをクリック
2. ［ユーザー設定］をクリック
3. ［基本情報］をクリック
4. ［名前］の欄をクリックして、本名を入力

Lesson 05

[ウォール] に投稿・コメントさせてみよう

子どもたちのPadlet入門として、まずは自分の思いや感想を投稿し、リアクションやコメントで相互評価する活動をオススメします！（文／古矢岳史）

1 | Padletはじめの一歩は、感想投稿と相互評価

Padletの導入で活用しやすいのは、自分の思いや感想をテキストで投稿し、それに対してリアクションやコメントをし合う活動です。

筆者は、上図のように「人権朝会 みんなの感想」というボードを［ウォール］で作成したものを、朝学習の時間で活用しました。人権教育に関する短い動画を観た後、感想を書く作業をPadletに投稿させ、相互にリアクションさせることにしたのです。

朝の限られた時間の中で、手書きで感想を書くのは時間的に難しく、お互いの感想を見て評価する時間はありませんでした。しかし、Padletを使うことで、書き終わった子どもは他の子の投稿にコメントすることができ、感想を書くのが苦手な子も、他の子の投稿を参考にしながら自分の思いを書くことができました。自分の投稿に書き込まれたコメントやリアクションを見て、子どもたちは本当に嬉しそうにしていました。

こうした簡単な感想投稿と相互評価をさせるだけで、「はじめの一歩」として、Padletの効果や魅力を実感することができると思います。

非常にシンプルな活動事例ですが、Padletを使うことでわずか数分で「自分の思いを共有する」「お互いの思いに気づき、評価する」という学習プロセスが同時に実現します。これほど簡単に、ここまでの活動を実現できる教育向けツールは他にはありません。

2 | Padletで投稿、コメント、リアクションを行うには？

朝学習の「人権朝会 みんなの感想」を例に、Padletで投稿、コメント、リアクションする方法を簡単に解説します。皆さんもこれを参考に、試してみましょう。

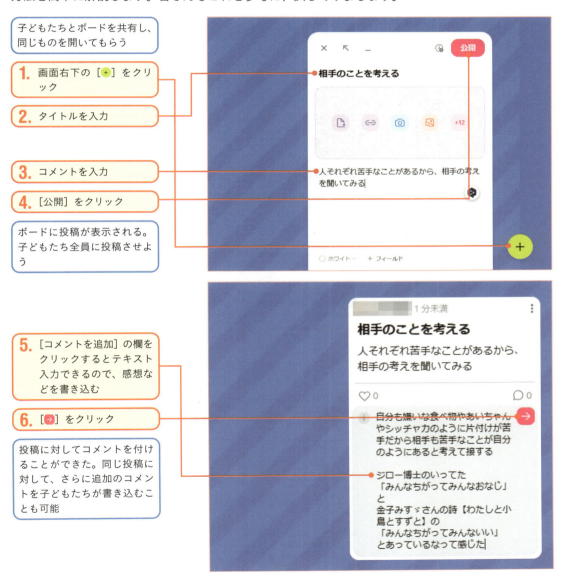

子どもたちとボードを共有し、同じものを開いてもらう

1. 画面右下の［＋］をクリック
2. タイトルを入力
3. コメントを入力
4. ［公開］をクリック

ボードに投稿が表示される。子どもたち全員に投稿させよう

5. ［コメントを追加］の欄をクリックするとテキスト入力できるので、感想などを書き込む
6. ［→］をクリック

投稿に対してコメントを付けることができた。同じ投稿に対して、さらに追加のコメントを子どもたちが書き込むことも可能

7. [♡]（いいね）をクリック

いいねのリアクションをされた数が［♡］の右側に表示される

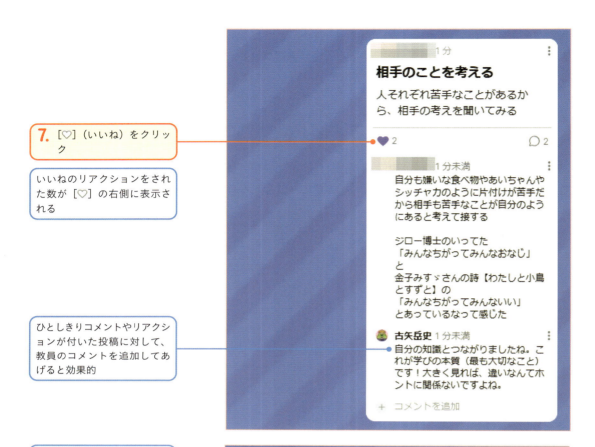

ひとしきりコメントやリアクションが付いた投稿に対して、教員のコメントを追加してあげると効果的

クラスの人数分の投稿がボード上に一覧表示され、それぞれにコメントやリアクションが付いた状態。相互評価を試してみるには、うってつけの方法

chapter

2

第2章

Padletの
基本操作と機能

Padletで利用可能なボードのフォーマット、ア
ップロード可能なデータの種類、ボードの作成
方法、リンクの活用方法など、初心者が押さ
えておきたい基本的な使い方を詳しく解説しま
す。授業で使うための準備や設定のコツにつ
いても丁寧に順を追って紹介しています。

Lesson 06 ボードのフォーマットは6種類 それぞれの特徴を知ろう

Padletで利用できる各ボードの特徴を理解することで、学習活動を効果的に展開できます。各ボードの特徴を把握しましょう（文／古矢岳史）。

1 | 6種類のボードとセクションについて

Padletで利用できるボードのフォーマットは［ウォール］［ストリーム］［タイムライン］［ストーリーボード］［キャンバス］［マップ］の6種類です。そして、それぞれのボード内で項目ごとのグループに分けを行う［セクション］をオンにするかオフにするかを選べます。

これらの組み合わせを活用してPadletボードを作成していきましょう。使い慣れてくると、自分に合った組み合わせが自然にフィットしてくるので心配はいりません。

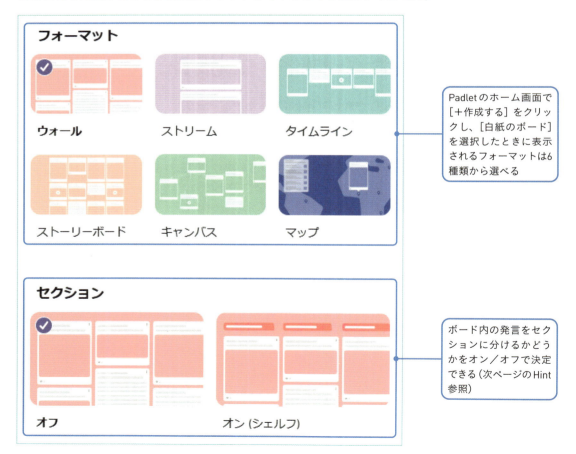

Padletのホーム画面で［＋作成する］をクリックし、［白紙のボード］を選択したときに表示されるフォーマットは6種類から選べる

ボード内の発言をセクションに分けるかどうかをオン／オフで決定できる（次ページのHint参照）

🔍 Hint

セクションとは？

セクションとは、Padletボード内をグループに分けて整理する機能です。この機能をオンにすると、投稿内容や班、個人ごとにセクションを作成することで、ボードがさらに整理され、視覚的に見やすくなります。セクションはボードの作成者（管理者）が新規作成・名前変更を行えます。

1. ボードの［セクションを追加］をクリック

   セクションが追加された。この下に新規投稿をしたり、既存の投稿を移動させたりすることができる

2. セクション名をクリックして、名前を変更できる（班名など）

2 ｜［ウォール］の特徴

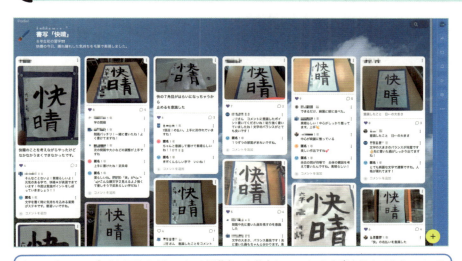

書写で［ウォール］を活用した例。これは保護者にも共有し、コメントを書き込んでもらっている

［ウォール］はその名の通り、壁に付箋を貼っていく感覚で投稿が表示される形式です。とりあえず［ウォール］を使えば、Padletの効果と魅力を存分に体感できる学習活動が実現できます。

筆者が小学校高学年の書写（習字）の学習で実施している活動は以下の通りです。

① 書き始める前にPadletに学習のめあてを記入する
② 作品ができたら写真を撮影し、アップロードして、めあてに対する振り返りを記入する
③ 友達の作品にコメントやリアクションをし合う
④ ボードのURLを保護者にも共有し、コメントをもらう

このように、子どもたちの学習活動を学校内だけに留めず、保護者などの外部の人々にも簡単に共有することで、多くの目に触れる機会を作り出すことができます。保護者からもらったコメントを読んだ子どもたちは、とても嬉しそうでした。
セクション付きの［ウォール］では、前ページのHintのように項目ごとに投稿を分類できます。学習内容や班ごとに分けて活動する際に効果的に活用できます。また、その場合の投稿は縦に並んで表示されます。

3 ｜［タイムライン］の特徴

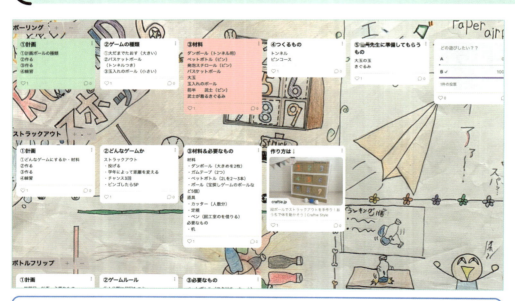

［タイムライン］のボードにゲームコーナー名ごとにセクション分けした例。この場合、ゲームごとに投稿内容が時系列で横に並べられていく

［タイムライン］は、投稿が時系列で横に並んでいくボードです。グループでのプロジェクト学習のときに活用しています。
図は学校祭のクラスの出し物で、ゲームコーナーごとにプロジェクトを進めたときに使用

した［タイムライン］のボードです。投稿が活動した順に並ぶので、担任は各グループの進捗を簡単に把握することができます。また、子どもたちからも他のグループの様子が見られるので、「遅れている、もっと頑張らなければ！」などとお互いに刺激を受けていました。作り方の動画をシェアしたり、投票機能も使ったりして、活動を進めていました。

また、校務では研究授業の記録としても効果的に活用できます。授業の様子を撮影し、その時々の状況を［タイムライン］ボードに投稿することで、授業の進行に沿って記録が整理されます。その結果、協議会で子どもたちの様子を詳しく振り返ることができました。

4 ｜［ストーリーボード］の特徴

［ストーリーボード］を自由進度学習で使用した例。たくさんの投稿が一画面に収まりやすいので、全体を見渡し、振り返りをするのに適している

［ストーリーボード］は、投稿が横にグリッド状に並ぶボードです。

筆者が1番お気に入りのボードです。Padletを使う場合、筆者はほとんど［ストーリーボード］を使います。このボードの良いところは、たくさんの投稿が一画面に収まり、教員が子どもたちの振り返りを確認しやすいことです。また、コメントも同時に表示されるため、一覧性が高く、学習の流れが把握しやすいです。

筆者はプロジェクト学習や自由進度学習の中で、一人ひとりの名前をセクションとして設定し、学びの目標や振り返りを行っています。

5 | [マップ] の特徴

マップボードを外国語で使用した例。行きたい国を地図上でピン留めして、投稿を付与できる

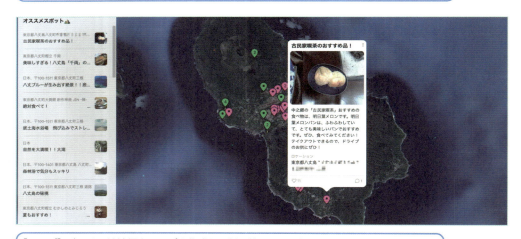

[マップ] ボードで地域紹介マップを作成した例。使っていて視覚的にも楽しいフォーマット

[マップ] は、驚くべき地図機能を備えたボードです。他のボードとは異なり、[マップ] ボードを作成するとGoogleマップと連動した地図が表示されます。つまりこのボードは、地図と関連付けて情報を投稿できます。投稿方法も他のボードと違います。

まず、投稿したい場所の名前を入力すると、その場所の住所が特定され、地図上にピンが打たれます。その後、その場所に関連する情報を投稿するという流れになります。

外国語の授業で「行きたい国」を紹介したり、総合的な学習の時間で地域紹介マップを作成したりと、[マップ] ボードの活用方法は無限に広がります。子どもたちが [マップ] を通じて、より深い学びに向かうことができます。具体的な活用事例については、第3章で詳しく紹介しています。

6 │[ストリーム]の特徴

[ストリーム]ボードで学級通信を投稿した例。1つの投稿をきちんと見せたい場合に便利

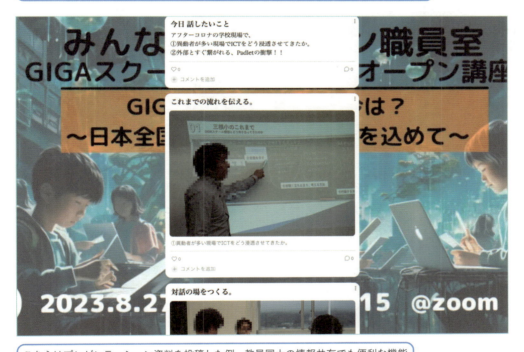

こちらはプレゼンテーション資料を投稿した例。教員同士の情報共有でも便利な機能

[ストリーム]ボードは、1つの投稿が大きく表示される特徴を持つボードです。1つの投稿を多くの人に見てもらいたいときに非常に有効です。例えば、作成した学級通信をPDF形式で投稿すると、縦スクロールで画面いっぱいに大きく表示されるため、スマートフォンで学級通信を確認する保護者から大好評でした。

さらに、プレゼンテーション資料も簡単にスクロールしながら表示できるので、先に進んだり戻ったりしながら、わかりやすく共有することができます。[ストリーム]ボードは、1対多数の状況で情報を共有するときに、効果を発揮するボードです。

7 | ［キャンバス］の特徴

［キャンバス］ボードで校内研究を整理した例。投稿同士を矢印で関連付けられる機能が便利

［キャンバス］ボードは、Padletの中で唯一、投稿の位置を自由に配置できるボードです。関連する投稿同士を矢印で結びつけることができるので、学習内容や思考の流れを順に整理し、把握するのに非常に役立ちます。また、一覧で表示して全体像を一目で確認することも可能です。

筆者は、校内研究の1年間の歩みをその都度［キャンバス］ボードにまとめ、年度末に校内で共有しました。学びのマップのように、いつ何を学んできたのかを整理し、教職員全員で確認できたのはとても有意義でした。［キャンバス］ボードは、学びのプロセスを可視化し、共有するのにぴったりのボードだと感じています。

Lesson 07 Padletでアップロード可能なデータフォーマットは？

投稿にアップロードできるデータ形式は多岐にわたります。どんなデータでもPadletは受け入れてくれます（文／古矢岳史）。

1 | どんなデータでもアップロードできる!!

レッスン01で簡単に紹介したように、Padletのボードには、ほぼすべての種類のデータを投稿時にアップロードできます。また、よく使われているクラウドサービスにもPadlet内の投稿から簡単にアクセスできるため、他のページを開く手間なしに、Padletだけでさまざまな作業を完結できます。それでは、詳しく見ていきましょう。

2 | ファイルのアップロード方法

ファイルのアップロードは、ボードへの投稿時に行う

1. 画面右下の［＋］をクリック
2. ［＋12］をクリック

アップロード可能なファイルの種類が表示される

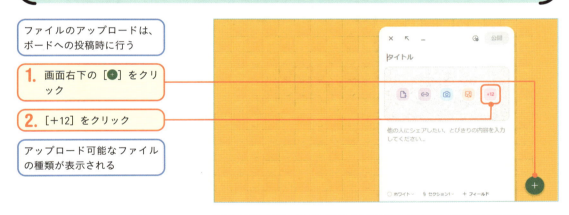

3. アップロードしたいファイルを選び、クリック

各ファイルの特徴については、次ページ以降を参照

3 | [Padlet] を選択した場合

投稿にPadletへのリンクを入れられます。授業で使うPadletを入れておけば、子どもたちが直接Padletへアクセスできます。

画面右下の投稿ボタン [●] → [＋12] → [Padlet] をクリックした場合、右のように自分が保持しているPadletが一覧表示される

1. ボードに追加したいPadletをクリック

投稿画面で[タイトル]や内容説明を入力して[公開]をクリック

2. ボードにPadletが追加された。クリックするとボードを開ける

同じ操作で、他の授業で使ったPadletをいくつもボードに並べることもできる。授業でよく使うPadletを1つのボードにまとめておきたい場合に便利

4 | [アップロード]を選択した場合(OfficeファイルやPDF)

本書執筆時(2025年2月時点)で、パソコンで扱えるほとんどのデータファイルをPadletにアップロードすることが可能です。Microsoft OfficeのファイルやPDFはPadlet内のビューワーで直接開くことができるため、別のアプリやページを開く必要がなく、すべてをPadlet内で完結させることができます。これにより、作業の効率や共有の速度が大幅に向上します。

画面右下の投稿ボタン [＋] → [＋12] → [アップロード] をクリックした場合、投稿にさまざまなファイルを添付できる

投稿に添付されたファイルは、クリックするとPadlet上で閲覧できる。上はWordファイル、下はPDFをPadlet上で閲覧している様子

5 | カメラ

［カメラ］を選択すると、ICT端末のカメラで3秒のカウントダウン後に写真を撮影できます。無料版では、最大20MBまでの画像をアップロードすることができるので、授業や学習活動での記録にも十分に対応できます。

ただし横画像しか撮影できないので、縦画像（習字の作品など）を撮影したい場合は、カメラアプリなどで撮影し、アップロードしています。

ICT端末のカメラを利用して、写真を投稿できる

6 | 動画レコーダー・オーディオレコーダー・スクリーンレコーダー

［動画レコーダー］や［オーディオレコーダー］では、Padlet内で直接レコーダーを起動し、ICT端末のカメラとマイクを利用して動画や音声を撮影・録音することができます。無料版では、動画の撮影は最大2分、音声の録音は最大5分まで可能です。通常の学習活動においては、十分な時間だと思います。子どもたちが簡単に自己表現を行ったり、発表内容を記録したりするのに非常に便利です。

また、［スクリーンレコーダー］をクリックすると、ICT端末の内蔵マイクを利用して、音声を入れながら、ICT端末の画面録画が可能です。Padletなどのツールの操作説明を、ナレーション付きで共有したい場合に便利です。

ただし、この機能を使うには、Padlet単体では行えず、Webブラウザの機能拡張を別途インストールする必要があるのでご注意ください（ChromeならPadlet Miniという機能拡張が必要）。

上は［オーディオレコーダー］を利用して、録音データを作成した例

7 | 描画

Padletでは、簡単な描画（ペイント）もアップロードすることが可能です。この描画機能は、タイピングが難しい低学年の生徒や特別支援学級でのコミュニケーションツールとして役立ちます。言葉にするのが難しい思いやアイデアを絵で表現し、自由に描画して共有することができ、学びの場での自己表現の幅が広がります。

［描画］をクリックすると、マウスや指で手描きできる

8 | 投票

Padletでは、最大4択までの投票（アンケート）を簡単に作成することができます。この機能を使えば、道徳の授業の導入として意見を集めたり、クラスでのアンケートを実施したりと、手軽にシェアして子どもたちに投票してもらうことが可能です。
ここまで簡単にアンケートを作成し、リアルタイムで意見を集めることができるツールはこれまでになかったと思います。

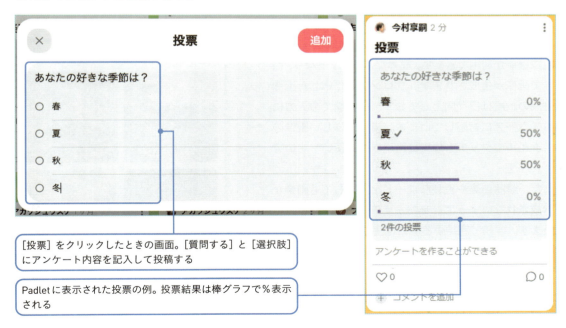

［投票］をクリックしたときの画面。［質問する］と［選択肢］にアンケート内容を記入して投稿する

Padletに表示された投票の例。投票結果は棒グラフで％表示される

9 | Googleドライブ

［Googleドライブ］をクリックすると、PadletとGoogleアカウントを連携（連結）することができます。これにより、Googleドライブ内のさまざまなデータを投稿に添付することができます。Googleドライブから一度ローカルにデータをダウンロードしてからアップロードする、という従来の手間が省け、作業効率が格段に上がります。

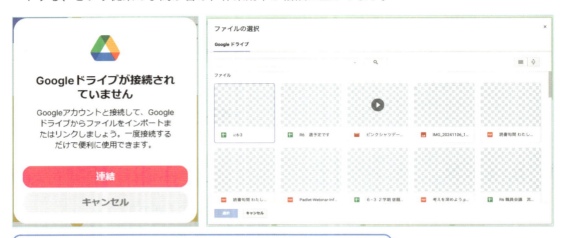

Googleドライブと連携（連結）すると、ドライブ内のデータを投稿に添付できる

10 | 画像生成（描くのを助けて）

［描くのを助けて］をクリックすると、AIによる画像生成機能が利用できます。簡単なプロンプトなら、数秒で画像が生成されます。プロンプトに応じた画像生成の精度は日々向上しており、日本語での入力にもスムーズに対応しています。描いてほしい画像のスタイルやタッチも忠実に再現され、使いやすいです。

また、誹謗中傷や猥褻なワードを入力しても画像が作成されないように、セキュリティ対策が施されています。学校で利用する際には生成AIのガイドラインに従う必要がありますが、このセキュリティのおかげで安心して使用することができます。

「日本　富士山　東京タワー」というプロンプトで生成された画像の例

11 | テキストを音声変換

入力したテキストを音声に変換し、その音声データを簡単にアップロードすることができます。47言語に対応しており、日本語はもちろん、イギリス英語やアメリカ英語などの多様な言語もサポートしています。この機能を使えば、外国語の授業で子どもたちが自分の発音を録音し、AIが生成した音声と比較しながら発音練習を進めることが可能です。再生速度も変えられるので、自分のペースに合わせて学習を続けられます。

これは、学習をより深化するための驚くべき機能の1つです。音声を通じての学習は、子どもたちにとって新しい発見につながると確信しています。

音声の読み上げ速度も変更可能。外国語のリスニングの学習に便利

12 | 画像検索

Padletの［画像検索］機能を使えば、キーワードからWeb上の画像を検索し、アップロードできます。画像は著作権や肖像権がフリーのものに限られているため、安心して使用することが可能です。

例えば、施設や名所などの画像をシェアする際、通常はWebサイトからダウンロードしたり、スクリーンショットを取ったりして使うことが多いかもしれません。しかし、子どもたちは著作権や肖像権について十分に理解しておらず、無断で画像を使用してしまうこともあります。Padletを使えば、そういったリスクを避け、安全かつ安心に画像をシェアして活用できます。このアップロード機能は非常によく活用しているものの1つです。

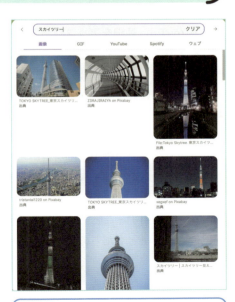

「スカイツリー」で検索した場合の例。画像を選択すると、投稿に添付できる

043

13 | GIF

GIF画像も著作権や肖像権がフリーのものを検索してアップロードすることができます。安心して楽しいGIF画像を使いながら学びやコミュニケーションを広げられます。

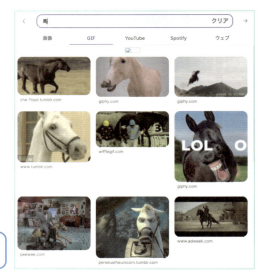

「馬」で検索した例。GIF画像だけがヒットするので、使いたいものを選ぼう

14 | YouTube

YouTubeの動画を簡単にアップロードすることができます。学習単元ごとにボードを作成し、関連するYouTube動画をアップロードすることで、学びをより充実させることができます。

例えば、体育の学習カードをPadletで作成し、そのボード内にお手本となるYouTube動画を資料として追加すれば、子どもたちはお手本を見ながら活動に取り組むことができます。これにより、より効果的に学習活動を進めることができ、子どもたちの理解を深めるサポートができます。

YouTubeを活用することで、視覚に訴える学びが促進され、子どもたちの興味関心を引き出せます。

「体育　文科省」で検索した例。学習活動のお手本としてボードに投稿しておくと効果的

15 | Spotify

Spotifyのおためし音源をアップロードすることが可能です。学校では「この曲、何だったっけ？」や「卒業ソングといえば何？」など、音楽を検索する場面が多くあるかと思います。そんなときに、この機能が役立ちます。
音楽を通じて学びを深めたり、子どもたちの興味を引き出す一助になります。

「卒業　ソング」で検索した例。関連するSpotify上の曲がヒットする

16 | Web検索

[Web検索] をクリックすると、リンクをアップロードする必要なく、その場でWeb検索を行い、見つけた情報や記事のリンクを直接アップロードすることもできます。これにより、必要な情報をすぐに共有し、授業や活動の中で活用することができます。

「練馬　観光」で検索した例。表示された見出しを選択すると、投稿にそのサイトのリンクを添付できる

17 | ロケーション

[ロケーション]をクリックすると、施設名や住所を入力することでGoogleマップを検索し、そのまま地図や航空写真を画像としてアップロードすることができます。これにより、場所のシェアや施設の周辺の様子などを、簡単かつ迅速に共有することが可能です。

「サグラダ・ファミリア」で検索した例。Googleマップで位置情報が表示される

左下のボタンから[ロードマップ][サテライト][地域][ハイブリッド]をクリックして地図表示を切り替えることができる

 Tips

検索系は同じ画面上で機能を切り替えられる

本レッスンの項目12〜17で紹介した[画像][GIF][YouTube][Spotify][Web検索]は、同じ検索画面の上にあるタブから、何を検索するかを切り替えられます。
例えば、[画像]をクリックした後、やっぱりYouTubeに切り替えたい場合は、[YouTube]タブをクリックして検索機能を切り替える、といった使い方ができます。素早くPadletを操作するコツなので、覚えておいて損はありません。

Lesson 08 ボードの作り方キホンのキ。自己紹介カードを作ってみよう

筆者がボードを作成する際は、ほぼ設定は同じです。一度覚えれば、休み時間中にササッと作成できます（文／古矢岳史）。

1 | ボードを作成する

小学校1年生にPadletを導入して実施した「じこしょうかい」を例に、Padletのボードの作成方法を詳しく解説します。手順が多く感じられるかもしれませんが、慣れてくると数分で作成できるようになります。必要な部分だけをカスタマイズしながら、オリジナルのボードを作成できるようにしましょう！

1. ホーム画面上部の［＋作成］をクリック
2. ［白紙のボード］をクリック

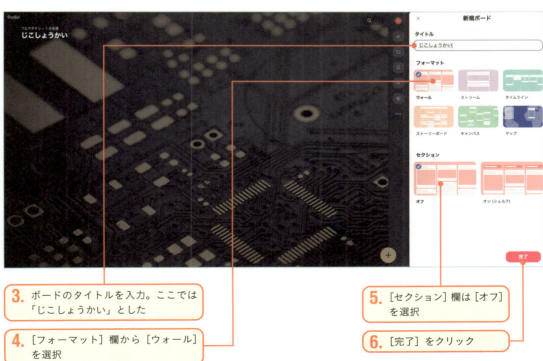

3. ボードのタイトルを入力。ここでは「じこしょうかい」とした
4. ［フォーマット］欄から［ウォール］を選択
5. ［セクション］欄は［オフ］を選択
6. ［完了］をクリック

2 | ボードのアイコンや壁紙を設定する

ボードのアイコン、説明、壁紙を変更して、一目でこのボードが区別できるよう設定しましょう。

1. ボード右側のメニューから[Padletの設定を開く]をクリック

2. [ヘッダー]欄の[説明]を入力

子どもたちが書きたくなるような一言を添えることがポイント

3. [アイコン]をクリック

4. 好みのアイコンを選択

5. [保存]をクリック

アイコンはWebブラウザのタブに表示される「ファビコン」としても設定される。たくさんのタブを開いたときに、目当てのPadletボードを見つけやすくするためにも必要

6. 設定画面の［外観］欄にある［壁紙］をクリック

その他の［カラースキーム］［フォント］［投稿サイズ］はデフォルト設定のままで問題ない

［カラー］［グラデーション］などあらかじめ壁紙が用意されているので、好きなものを選べば設定される。ただし、以下では［カスタム］機能を用い、画像検索で壁紙を設定する方法を解説する

7. ［カスタム］をクリック

8. 画面下にある［検索］をクリック

9. キーワードを入力して Enter キーを押す（ここでは「幸せ　友達」と入力した）

10. 好みの壁紙をクリック

ボードの壁紙が指定の画像に変更される

3 | リアクションや投稿フィールドを設定する

続いて、投稿に対するリアクションや投稿方法に関するオススメの設定を紹介します。

1. 設定画面の［エンゲージメント］欄にある［コメント］をオンに

2. ［リアクション］をクリックして設定

リアクションは［いいね］［投票］［星評価（5段階）］［スコア（数値）］から選択可能。筆者はほとんどの場合、［いいね］を選んでいる

3. ［作成者・タイムスタンプ］を［表示］に設定

この設定により、子どもたちが投稿する際に、名前とタイムスタンプが各投稿に表示されるようになる

4. ［投稿フィールド］をクリックして、投稿画面を編集

5. ［タイトル］をクリック

6. ［件名フィールドのプレースホルダーテキスト］に「なまえ」と入力

7. ［必須］をオンに

8. ［保存］をクリック

［必須］をオンにすると、テキスト（なまえ）を入力しないと投稿できないような設定になる

9. ［投稿フィールド］欄の［添付ファイル］をクリック

この設定で「じこしょうかい」ボードに子どもたちが投稿できるファイルを絞り込める。選択肢が多すぎると、悩んでしまうため、ここでは［カメラ］［動画レコーダー］以外はオフに

10. ［カメラ］と［動画レコーダー］をオンに。それ以外の項目はすべてオフに

11. ［保存］をクリック

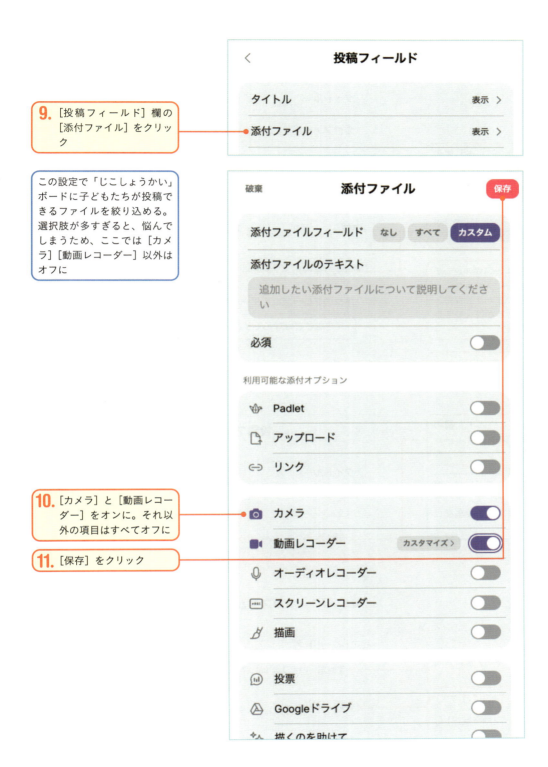

[単一選択]では複数の選択肢を設定できる

19. 入力欄に選択肢を入力。ここでは例として、季節を入力した

20. [オプションを追加]をクリックして、選択肢を「春」から「冬」まで追加

同様の手順で[新規カスタムフィールド]を作成したのが右の例。1つの投稿に4つの質問を設定できた

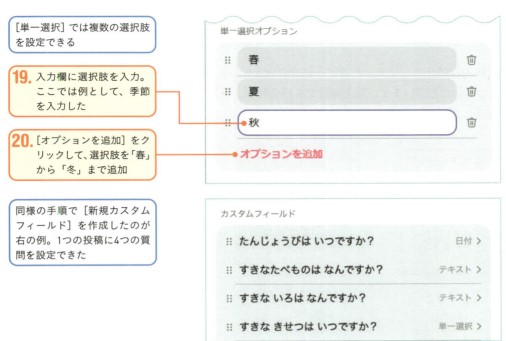

🔍 Hint

投稿データを絞ると、低学年でも使いやすくなる

デフォルトの投稿フィールドでは、何を投稿すればよいのかわかりません。しかし、投稿フィールドを編集して投稿するデータを絞り、説明を加えることで、低学年の子どもたちでも何を投稿し、何をアップロードすればよいのかが明確になります。

投稿内容が「なまえ」と本文の他、カメラと動画レコーダーに絞られている

カスタムフィールドを使って、簡単なアンケートを付けるのも効果的

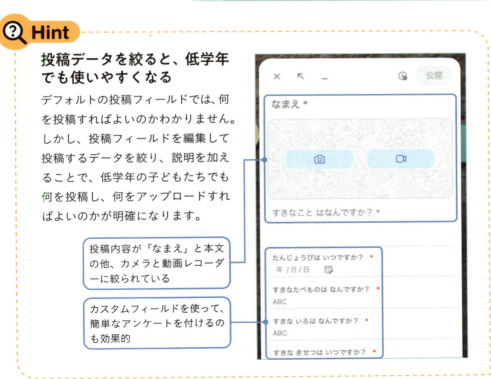

053

4 | その他の設定を終えたら、ボードが完成！

最後に、投稿内容のセキュリティとコピー防止の設定をします。筆者の場合は、基本的にどちらも［なし］にしています。以上の設定を終えれば、「じこしょうかい」のオリジナルボードが完成しました。

21. ［審査］はデフォルトで［自動］になっているが、これはAIから厳しく投稿内容の承認を求められる設定。筆者の場合は［なし］にして作成している。［コピー防止］も［なし］にしている

22. 必要なら、ボードのリンクURLを変更する。例えば、自己紹介ボードなので、「selfintroduction」などと変更するのもわかりやすい

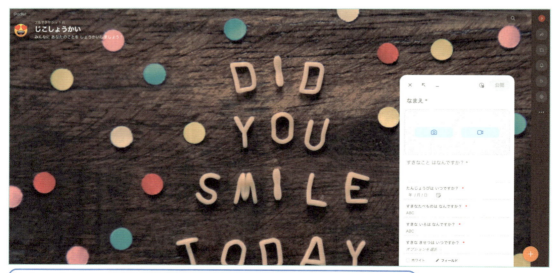

完成した「じこしょうかい」ボード。投稿内容が絞られており、低学年でも使いやすい

Lesson 09 リンクを作成・活用しよう

Padletで作成できるリンクは全部で4種類。それぞれの活用方法を知ることで、Padletの魅力がさらに増していきます。具体的な活用方を詳しく説明します（文／古矢岳史）。

1 | リンクをクリップボードにコピーして共有する

ボード全体のリンクをコピーする方法です。右側のメニューから矢印型のボタン（共有）をクリックし、［ボードへのリンクをコピー］を選択するだけで、ボードのリンクURLが簡単にコピーされます。このURLをGoogle Classroomやメールなどでシェアすれば、誰でもこのボードに招待することが可能です。

このリンクを知っている人は、Padletのすべての機能をアカウントなしで、すぐに使うことができます。手軽にボードを共有できて便利です。

> あらかじめ共有したいボードを開いておく

1. 画面右側のメニューから［共有］をクリック

2. ［ボードへのリンクをコピー］をクリック

> クリップボードにボードのURLリンクがコピーされるので、Google Classroomやメールなどで共有する

2 | 区切りリンク（ブレークアウトリンク）

同じ設定画面の［区切りリンク］を選択すると、セクションごとにリンクをコピーすることが可能です。この機能は、ボードにセクションがある場合のみ利用できます。コピーしたリンクを共有すると、共有相手にはそのセクションの内容のみが表示されるため、個人やグループごとに情報を管理するのに便利です。

例えば、個人やグループごとにセクションを作成し、そのセクション内の投稿だけを表示させて学習を進めることができます。専科の授業では、クラスごとにセクションを作成し、授業中は該当クラスのセクションのみを表示させたり、グループ別の活動では、自分のグループのセクションだけを表示させて学習に取り組んだりすることができます。

さらに、活動の終わりには、全グループの意見を見合うためにボード全体のリンクをシェアすることもできます。このように、セクションごとのリンクを使い分けることで、グループ活動において、学びの深まりにつながります。

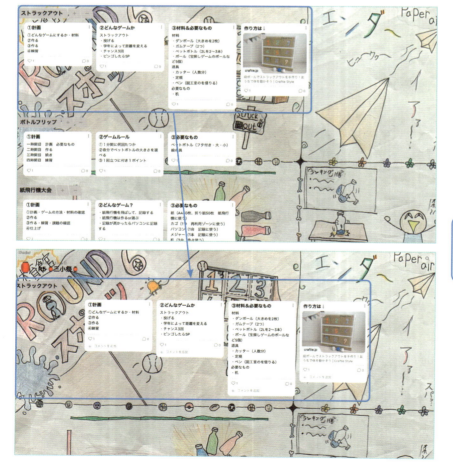

［区切りリンク］では特定のセクションの投稿内容のみが相手に表示される

3 ｜送信依頼リンク

同じ設定画面にある［送信依頼リンク］をオンにしてリンクをコピーしてシェアすると、そのURLを開いたユーザーは他の投稿を見ることができない状態で、投稿画面だけがページの中心に大きく表示されるようになります。この機能は、いわゆるテストモードとして活用できます。例えば、外国語の小テストなどで、他の子どもたちに内容を見せたくない場合に便利です。また、送信依頼リンクを使用すると、投稿後に表示される画面や投稿後の確認メッセージも設定できます。

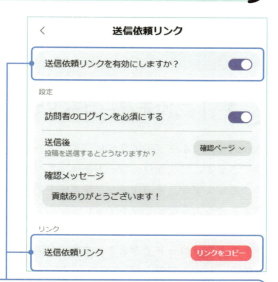

［送信依頼リンクを有効にしますか？］をオンにし、［リンクをコピー］をクリック

4 ｜自動リメイクリンク

同じ設定画面の［自動リメイクリンク］を有効にして、リンクをコピーしてシェアすると、相手はそのリンクを開くだけで、同じボードをリメイクして使用することができます。つまり、Padletボードのコピーを配布し、他の人に使ってもらうことができるのです。さらに、リメイクする際に、どの内容まで共有させるのかを細かく設定することも可能です。この機能を使えば、学年の他の先生にPadletボードをシェアしたり、学校外の方にサンプルとしてボードを共有したりするのも簡単です。

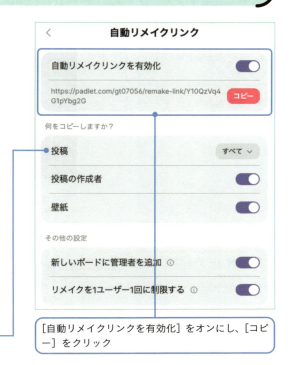

［投稿］を［なし］にすれば、使用前のPadletボードのリメイクが可能

［自動リメイクリンクを有効化］をオンにし、［コピー］をクリック

Lesson 10 シェア機能を使いこなそう

Padletのリンクシェアにはさまざまな方法があります。ご自身の環境や場面に応じて使い分けられるようにしましょう（文／古矢岳史）。

1 | 二次元バーコードでシェア

Padletでは、ボード内で簡単に二次元バーコードを作成し、拡大表示してシェアすることができます。二次元バーコードを使ったリンクの共有は、今日では当たり前の手法になりつつありますが、その作成までをボード内で完結できる点は、シェアのスピードを格段に向上させる大きなメリットです。

共有の画面で［QRコードを取得］をクリックすれば、そのボードのリンクが二次元バーコードでダウンロードできます。また、［QRコードをピン留め］をオンに設定すれば、ボードのタイトルの左側に常時QRコードを表示させることも可能です。第3章の実践事例でも詳しく紹介していますが、授業参観の場面で保護者から感想や意見をいただいたり、校外での研修時に二次元バーコードを表示して意見を集めたりする際に非常に便利でした。

この機能を利用すれば、誰にでもすぐにPadletのボードをシェアし、あらゆるデバイスから共同で活動することが可能です。これは利便性が非常に高まる機能であると感じています。

あらかじめ共有したいボードを開いておく

1. 画面右側のメニューから［共有］をクリック

2. ［QRコードを取得］をクリック

3. ［画像としてダウンロード］または［PDFとしてダウンロード］をクリック

ダウンロードした画像やPDFを保護者などのスマホのカメラで読み取ってもらえば、多くの人にボードを簡単にシェアできる

4. ［QRコードをピン留め］をオンに

ボードの左上に二次元バーコードがピン留めされるようになる

2 | ブログまたはWebサイトにリンクを埋め込み

同じ共有の画面の［ブログまたはウェブサイトに埋め込み］をクリックすると、埋め込みコードを即座に作成でき、自分のブログやWebサイトにリンクを簡単に埋め込むことが可能です。さらに、スライドショー形式の埋め込みコードも作成されるため、ビジュアルを活かした情報共有がスムーズに行えます。

ブログやWebサイトでPadletをシェアしたいときに、この機能はとても便利です。自分のコンテンツにPadletボードをそのまま組み込むことで、情報発信の幅が広がります。

［Copy board embed code］をクリックすると、埋め込みコードをコピーできる

3 | 他のアプリでシェア

同じ共有の画面の［他のアプリでシェア］をクリックすると、Padletのボードをメール、Facebook、X（旧Twitter）、Google Classroomに直接シェアすることができます。特に、Google Classroomを活用している学校が多いかと思います。授業前にここからボードを共有しておけば、子どもたちは授業中にすぐアクセスすることができます。
各プラットフォームに簡単にボードを共有できることは、コミュニケーションのハブとしてPadletを活用する大きなメリットです。

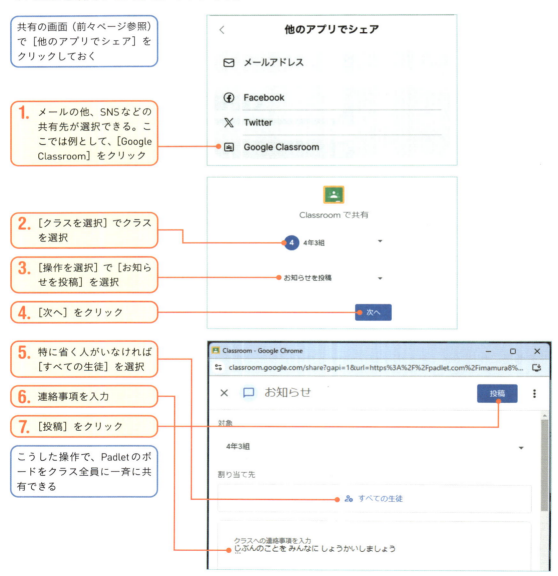

共有の画面（前々ページ参照）で［他のアプリでシェア］をクリックしておく

1. メールの他、SNSなどの共有先が選択できる。ここでは例として、［Google Classroom］をクリック

2. ［クラスを選択］でクラスを選択

3. ［操作を選択］で［お知らせを投稿］を選択

4. ［次へ］をクリック

5. 特に省く人がいなければ［すべての生徒］を選択

6. 連絡事項を入力

7. ［投稿］をクリック

こうした操作で、PadletのボードをクラスS全員に一斉に共有できる

Lesson 11 スライドショーを使いこなそう

Padletには投稿内容をスライドショーで表示する機能もあります。この機能の使い方と、効果的な活用方法について詳しくご紹介します（文／古矢岳史）。

1 | すぐできる！ スライドショーの始め方

Padletのボード右側のメニューにある［スライドショー］をクリックするか、投稿右上の［ ］から［この投稿からスライドショーを開始］をクリックするだけで、Webブラウザの別タブが開き、スライドショーがスタートします。
添付ファイルと投稿内容がバランスよく表示されるため、視覚的にわかりやすく、簡単にプレゼンテーションを始めることができます。このスライドショー機能を使えば、すぐに効果的な情報共有が可能です。

あらかじめスライドショーにしたいボードを開いておく

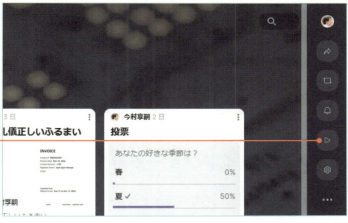

1. すべての投稿をスライドショーにしたい場合は、右側のメニューの［スライドショー］をクリック

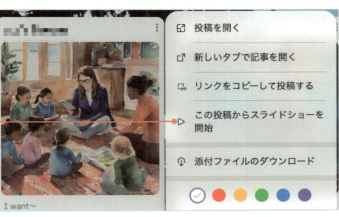

2. 特定の投稿内容をスライドショーにしたい場合は、投稿右上の［ ］をクリックし、［この投稿からスライドショーを開始］をクリック

いずれの場合も、ブラウザの別ウィンドウでスライドショーが開く

3. 画面左下の［自動再生を開始］ボタンをクリック

投稿内容がスライドショーになって再生される

💡 Tips

共有の画面からもスライドショーを開始できる

レッスン10で紹介した共有の画面にも、実は［スライドショー］というメニューがあり、これをクリックしてもスライドショーを開始できます。その場合は、今開いているボード内のすべての投稿がスライドショーの対象になります。

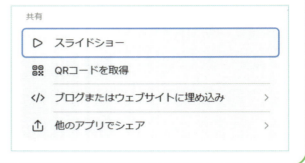

2 | スライドショーで時短プレゼンができる！

学習活動の中で子どもたちにスライドショーを作成させる際、通常はプレゼンテーション用のソフトを使用することが多いと思います。しかし、それらのソフトを使うと、子どもたちがフォントやアニメーションに凝りすぎてしまい、制作に時間がかかりすぎることも多くあります。そんなとき、短時間で効果的にプレゼンテーションを作成し、発表活動を進めたい場合にPadletが非常に有効です。

Padletなら、添付ファイルをアップロードし、タイトルと本文を入力するだけでスライドショーを作成でき、そのままプレゼンテーション素材が完成します。筆者はこの利点を活かし、外国語のプレゼンテーションの授業を実践してきました。詳しくは第3章の実践事例でご紹介していますので、ぜひご覧ください。

Lesson 12 多様なエクスポートを使いこなそう

Padletではボードの内容をさまざまな形式でエクスポートできます。この機能を活用すれば、学びや活動の成果を必要に応じた形で保存することが可能です（文／古矢岳史）。

1 ｜ 画像としてエクスポート

ボード表示されている投稿内容をそのままJPEG画像としてエクスポートすることが可能です。投稿のサイズも自動でリサイズされ、一枚のページに収まるように調整されるため、ボード全体をわかりやすく共有したり保存したりするのにとても便利です。

あらかじめ画像にしたいボードを開いておく

1. 画面右側のメニューから［共有］をクリック

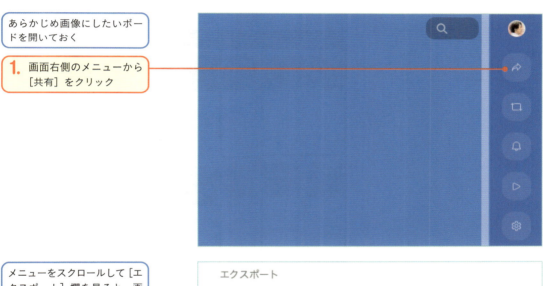

メニューをスクロールして［エクスポート］欄を見ると、画像やPDF、CSVなどさまざまな形式でボードをエクスポートできることがわかる

2. ［画像としてエクスポート］をクリック

デフォルトでは［コメントを表示］がオフになっている。コメント付きで画像をエクスポートしたい場合はオンにする

3. ［生成］をクリック

エクスポートにはファイル形式によって、待ち時間が異なる。画像の場合は約15秒の待ち時間がある

エクスポートが完了すると、Webブラウザの別ウィンドウで画像が開く

4. 画像を右クリックして［名前を付けて画像を保存］をクリック

2 | PDFとしてエクスポート

同じ［エクスポート］欄にある［PDFとしてエクスポート］を選択すると、PDFの形式を選ぶメニューが表示されます。

この簡単な手順だけで、ボードが自動的に美しくレイアウトされ、［配布資料］や［スライド］として書き出されます。［配布資料］のレイアウトには、いいね数やコメントもすべて表示されるため、筆者はプリントアウトして教室に掲示しています。

子どもたちは授業中には見切れなかった自分の投稿へのコメントを、掲示されたプリントで嬉しそうに確認していました。また、Padletボード上では注目していなかった友達の投稿への他の子のコメントも見られることで、自然とフィードバックの書き方を学んでいる様子が見られました。

このように、Padletボードをデジタルだけでなく紙媒体にし、読んで確認することの良さも実感することができました。

［エクスポート］欄の［PDFとしてエクスポート］をクリックした場合、右のような画面が表示される

1. 紙の印刷物として教室に貼りたい場合は、［配付資料］を選択するのがオススメ

2. 印刷しやすいよう［ページサイズ］は［A4］を選択

3. ［用紙方向］は［縦長］を選択

4. ［生成］をクリック

［配付資料］向けにエクスポートされたPDFのレイアウトの例

3 | CSVとしてエクスポート

同じ［エクスポート］欄にある［CSVとしてエクスポート］をクリックすると、［いいね］［投票］［星評価］［スコア］などのリアクション評価を誰がどのように、付けたかを一覧でCSVファイルとして書き出すことができます。この機能を使えば、子どもたちの活動に対する評価を簡単にデータとして整理できるため、Padletを評価ツールとして活用する際に非常に重宝します。

> ボードをCSVとしてエクスポートした場合、デフォルトのダウンロード用フォルダにCSVファイルがZIP形式でダウンロードできる。圧縮ファイルを解凍してExcelなどで開いてみよう

4 | Excelスプレッドシートとしてエクスポート

同じ［エクスポート］欄にある［Excelスプレッドシートとしてエクスポート］をクリックすると、ボード内の情報を［投稿］［コメント］［リアクション］［要約］タブに分けて、Excelスプレッドシート形式で書き出すことができます。筆者は学級の係活動の目標と振り返りをPadletに記入させ、それをエクスポートして通知表などの評価データとして活用

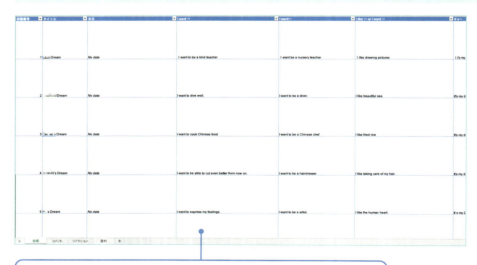

> ボードの投稿内容をExcelファイルでエクスポートしたものを開いてみたところ

したり、プロジェクト学習の内容を一覧にして学年の先生や他校との交流時にシェアしたりしています。この機能は頻繁に使うわけではありませんが、いざというときに非常に便利で、データを効率よく整理して共有するのに役立っています。

5 | すべてのファイルをダウンロード

この機能は有料アカウントのみで使えますが、同じ［エクスポート］欄にある［すべてのファイルをダウンロード］をクリックすると、Padletのボード上の投稿に添付されたデータファイルを一括でダウンロードすることができます。

例えば、Canvaなど他のアプリで作成したポスターやワークシートなどをまとめてダウンロードして印刷する場面は、学校ではよくあります。この機能を使えば、子どもたちがPDFや画像データにして投稿したものを一括でダウンロードし、非常に効率的に印刷することが可能です。子どもたちが作成した作品をPadletに投稿し、［すべてのファイルをダウンロード］すれば、作品集作りの手間を大幅に短縮することができ、業務の効率化が図れます。この時短のメリットは非常に大きく、学校現場で重宝する機能の1つです。

ボード上に添付されたデータを一括ダウンロードした場合の例

Lesson 13

セキュリティも万全。
安心して使うための設定方法

簡単に外部と共有できるPadletのセキュリティ対策はどうなのか。各種設定とともに解説します（文／古矢岳史）。

1 ｜［訪問者の権限］設定で安心・安全な共有を

Padletでは、リンクをシェアする際に表示される共有の画面のうち、［訪問者の権限］を以下の5つのレベルに設定することができます。それぞれの設定を活用することで、シェアする相手や場面に応じて、ボードの利用範囲を適切に管理できます。

1. アクセスできません（コラボレーターのみアクセス可）

最も高いセキュリティ設定です。Padletアカウントを持っている人を検索し、コラボレーターとして登録した人のみアクセス可能となります。

2. 読者

Padletボードを閲覧するだけの権限です。学校外の教育関係者にPadletボードをシェアする際には、この設定にして共有することで、内容を安全に確認してもらうことができます。

3. コメンター

投稿自体はできませんが、投稿に対してコメントやリアクションをすることができます。授業で作成したPadletボードを保護者や地域の方にシェアする際には、この設定にして共有することで安心して使えます。

4. ライター（デフォルト設定）

新しい投稿を作成することができますが、他人の投稿の編集はできません。外部にシェアしないPadletボードの場合、この設定で特に問題はありません。

5. モデレーター

ボードの作成者と同じ権限を持ち、投稿や他人の投稿の編集、承認（投稿を手動で管理する場合）を行うことが可能です。

このように、Padletはシェアすることを前提に設計されており、権限設定がしっかりしています。

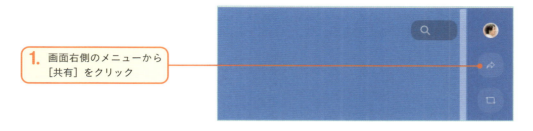

1. 画面右側のメニューから［共有］をクリック

2. ［コラボレーター］欄にある［訪問者の権限］のプルダウンメニューをクリック

［訪問者の権限］から5つのレベルでボードの利用範囲を設定できる

2 ［リンクのプライバシー］設定

Padletボードの共有リンクには、以下の4段階のプライバシー設定があります。こちらもリンクをシェアする際に表示される設定画面のうち、［リンクのプライバシー］から設定できます。

1. シークレット（デフォルト設定）

Padletボードは一般公開されませんが、共有リンクを知っている人のみアクセス可能です。授業内で使う場合は、この設定を使用することになります。

2. シークレット―パスワード

Padletボードの共有リンクとパスワードを入力することでアクセスできる設定です。保護者や地域の方にシェアする際には、この設定を使ってリンクを共有しています。

3. シークレット ― ログイン
　Padletアカウントを持っている人のみが、リンクからPadletボードにアクセスできる設定です。

4. 公開
　誰でもアクセス可能で、Web検索にも表示される設定です。完全にWeb上に公開することができる設定ですが、この設定にすることはあまりありません。

筆者は学習活動でPadletを活用する際には、1.の設定（デフォルト設定）でボードを使うことがほとんどです。また、保護者や地域の方々にボードをシェアする際には、2.のパスワード付き設定を使用しています。

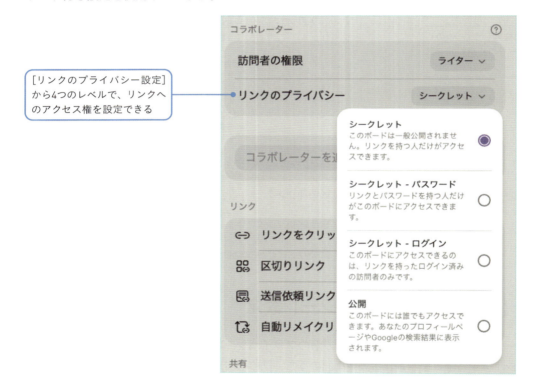

［リンクのプライバシー設定］から4つのレベルで、リンクへのアクセス権を設定できる

3 ｜ 投稿内容の審査

Padletのボードの右側メニューの［設定］画面のうち［審査］を選択することで、セキュリティ対策を行うことができます。デフォルト設定では［自動］です。筆者は特別なことがない限り、［なし］で運用しています。必要に応じて投稿内容にもセキュリティ対策を施すことが可能です。

1. なし

投稿やコメントの商品は不要で、それらは即時に公開されます。ボードの管理者が投稿内容を確認することになります。

2. 自動（デフォルト）

AI審査システムが不適切と判断した投稿やコメントは即時には公開されず、管理者の承認が必要になります。メール通知が届くため、その都度対応することができます。私見ですが、このセキュリティ設定は比較的厳しめです。

子どもたちが作成した地域の観光マップを［コメンター］の設定で観光客に公開した際に、この設定を使用し、コメント欄の確認を行いました。

これからの時代、総合的な学習の時間の活動では、SNS発信などで不特定多数の人にPadletボードを公開する場面が増えることも考えられます。そんなときに役立つ設定です。

3. 手動

すべての投稿やコメントを管理者が承認してから公開する設定です。ここまでセキュリティレベルを上げることは少ないかもしれませんが、必要に応じて利用することが可能です。

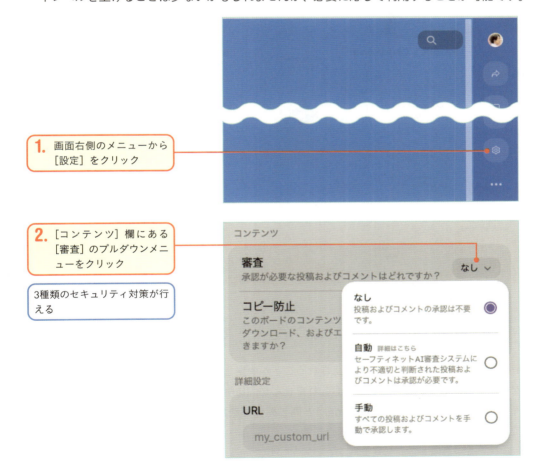

1. 画面右側のメニューから［設定］をクリック
2. ［コンテンツ］欄にある［審査］のプルダウンメニューをクリック

3種類のセキュリティ対策が行える

Lesson 14

Jamboard超えのホワイトボード Sandbox を使いこなそう

Padletにはホワイトボード機能を備えた「Sandbox」が利用できます。活用法を紹介します（文／古矢岳史）。

1 | 管理者以外は、他人のボードを編集できない

まず注目すべき点は、管理者以外の子どもたちが他の投稿を編集できないこと、そして新しいボードを追加できないことです。この仕様により、いたずらやおふざけの書き込みなどの心配がなくなり、安心して利用できます。
Google Jamboardと同じような使用感で、すぐに使うことができます！

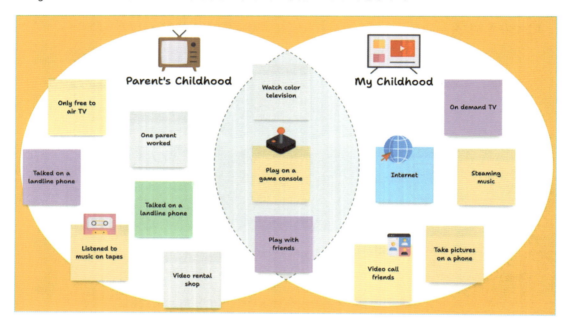

2 | Google Jamboard をインポートできる

Google Jamboardが2024年12月31日に廃止されることが決定しました。別の新しいホワイトボードツールを使用している方もいるかもしれませんが、Padlet SandboxではJamboardのデータをそのままインポートし、Jamboardと同じ感覚で新たに編集をスタートできます。以下ではデータのインポート方法を紹介します。

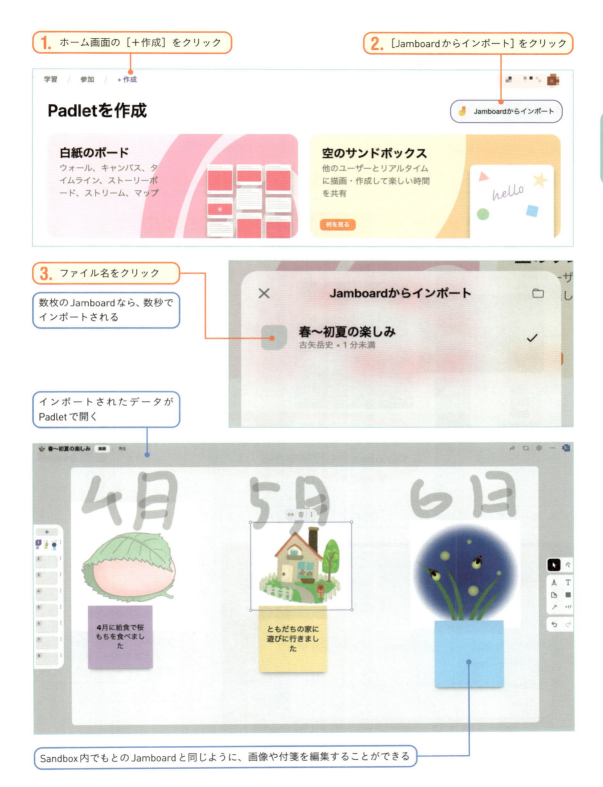

3 | Padletのボード機能がそのまま使える！

Padletのボードでアップロードできる数々のデータファイルを簡単に投稿できます。画像や動画はもちろん、Microsoft OfficeファイルやPDF、投票機能にテキスト音声生成やAI画像生成……など、これほど多彩なデータファイルを手軽にシェアできるホワイトボードツールは他にありません。

Padletで投稿可能なデータ一覧。データの種類はレッスン07を参照

ブレークアウトリンク（区切りリンク）

ボード内のカードごとにリンクを発行し、特定のカードのみ編集させることができます。グループごとにカードを使って協働活動を行い、授業の最後に全体のボードをシェアして交流することも可能です。

1. カードの横にある［ ］をクリック
2. ［共有］をクリック

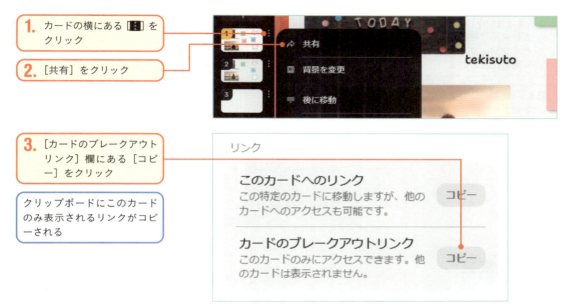

3. ［カードのブレークアウトリンク］欄にある［コピー］をクリック

クリップボードにこのカードのみ表示されるリンクがコピーされる

自動リメイクリンク

ボードのテンプレートを配布することができます。Padletボードの自動リメイクリンクと同様に、作成したホワイトボードを学年の先生や校外の先生方にシェアして活用することが可能です。

1. 画面右上の［共有］をクリック
2. ［自動リメイクリンク］をクリック

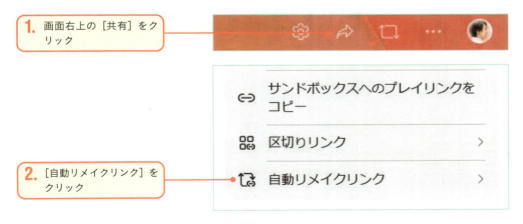

3. ［自動リメイクリンクを有効化］をクリック

4. ［なし］［管理者のみ］［すべて］からオブジェクトを選ぶ（ここでは［すべて］を選択した）。なお［管理者のみ］に設定すると授業前に教師が作成したオブジェクトのみコピー可能になる

［壁紙］［新しいサンドボックスに管理者を追加］［リメイクを1ユーザー1回に制限する］のオン／オフを任意で選ぶ

5. ［コピー］をクリック

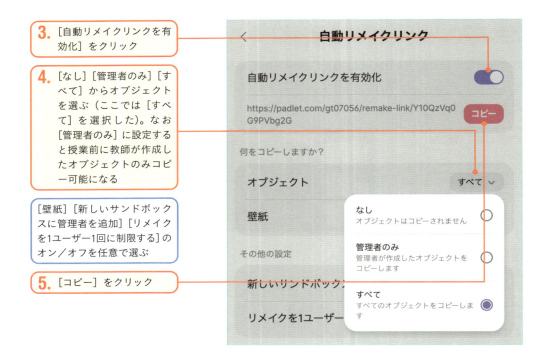

背景の変更

背景も標準テンプレートである罫線やグリッド、シンキングツールに変更することができます。また、画像検索やアップロードした画像を背景にすることもでき、学習内容や活動に応じてカスタマイズされたホワイトボードを作成可能です。

1. カードの横にある［■］をクリック
2. ［背景を変更］をクリック
3. 背景を選択

デフォルトでも使いやすいテンプレートが用意されている

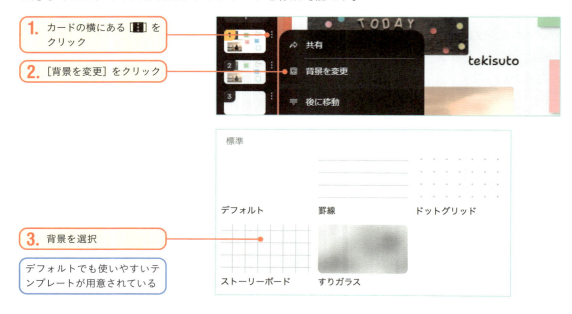

> **Hint**
>
> ### 基本的な共有機能はPadletボードと同じと考えてOK
>
> Padletの通常のボードと同様、Sandboxの場合は画面右上の［共有］をクリックしたとき、右のような共有メニューが表示されます。
>
> これを見ると、通常のボードにあるような、各種リンクのコピー、スライドショーの作成、二次元バーコードの取得、埋め込みコードの作成、SNSやGoogle Classroomへのシェア、画像やPDFへのエクスポートなど、多様な共有方法が選べることがわかるでしょう。
>
> Sandboxを何らかの方法で共有したいと思ったら、まずは画面右上の［共有］をクリックしてみましょう。
>
>
>
> 共有したくなったら、ここをクリックしよう

4 ｜ 多機能すぎない、広すぎないホワイトボードツール

Canvaをはじめとした他のホワイトボードツールを使う方もいるかもしれませんが、Sandboxの魅力は広すぎないサイズのホワイトボードと、多機能すぎないシンプルさにあります。このバランスが学習活動に適した使い勝手の良さを生み出しています。

これからさらに進化していくSandboxは、非常にオススメのホワイトボードツールです。アイデア次第でさまざまな使い方が可能で、学びの場面に応じて柔軟に利用できるSandboxは、創造的な活動や共同作業に最適です。

テンプレートボードを作ろう！

Column コラム

Padletでは別の授業で何度でも使い回せるように、テンプレートボードを作成する機能が付いています（文／古矢岳史）。

子どもたちの名前ごとにセクション分けしたPadletボード（レッスン22やレッスン35参照）や、毎回同じ学習の流れでセクションを区切ったPadletボード（レッスン30参照）を授業ごとに新たに作成するのは、非常に手間のかかる作業です。この負担をなくす方法として、大もとのPadletボードをテンプレートとして保存しておく方法をオススメします。以下の簡単な2ステップでテンプレートを活用できます。この方法を活用すれば、毎回ゼロからボードを作成する手間を省き、授業準備の効率化を図ることが可能です。特に、学習の進め方が決まっている場合や繰り返し使う構造のボードでは、大きな時間短縮につながります。

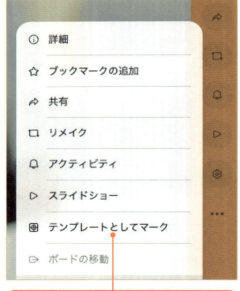

1. テンプレートにしたいボードを開き、右端の［...］（3点リーダー）をクリック。［テンプレートとしてマーク］を選択

ボードの左上に［テンプレート］と表示されるようになる

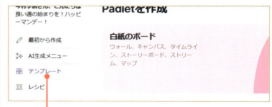

2. 新しいPadletボードを作成する際、［テンプレート］をクリック。複製したいボードを選択すると、もとのテンプレートをベースとした新しいボードが作成される

第**3**章

授業での活用事例
［低学年・中学年］

Padletを初めて使うときの導入にオススメの
活用事例から、小学校低学年・中学年におけ
Padletの活用事例を具体的に紹介します。国
語・算数・生活科・図工など、子どもたちが
直感的に使える場面での活用方法を中心に解
説します。

実践例　導入　全学年共通

Lesson 15
Padletの導入に最適な使い方「お礼の気持ちを伝える」

お礼の手紙は手書きが理想ですが、毎回それを実現するのは難しいのが現実。Padletを使うと効果的に行えます（文／古矢岳史）。

1 | ゲストティーチャーへのお礼を届けよう

学校では、ゲストティーチャーやお世話になった方々にお礼のメッセージを書く場面が多いですよね。特に5、6時間目にゲストティーチャーの授業があると、下校時間を気にしながら、手書きでお礼の手紙を作成するのは、教員や子どもたちにとって大きな負担となります。

手書きの場合、前日に手紙の雛形を探して印刷し、人数分カットして準備。授業後には丁寧に書かせ、誤字脱字をチェックして集め、表紙を付け、宛名を書いた封筒に入れるといった多くの手順が必要です。もちろん、感謝の気持ちを届ける手書きの手紙には価値がありますが、毎回実施するのは現実的ではありません。そこで、筆者はPadletを活用し、デジタルメッセージでお礼を伝える方法を採用しました。

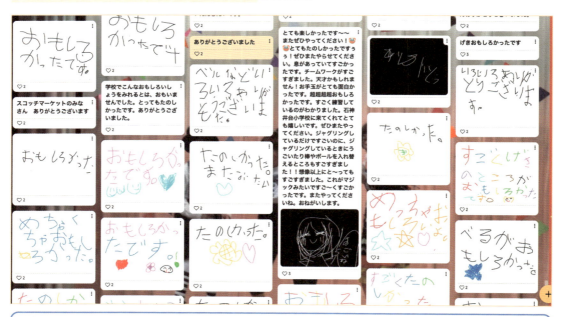

ゲストティーチャーへのお礼をPadletで寄せ集めた例。1年生は描画でメッセージを伝えられるので、手軽に利用できる。テキストとイラストを合わせて表現する子どももいた

2 | 時間がなくても、その日のうちに書き切れる

基本的な使い方は、[ウォール]フォーマットのPadletボードを1枚作成し、メッセージを書き終えたら、メールでPadletボードのリンクとパスワード（レッスン13参照）を送るだけです。授業中の風景を壁紙に設定することで、その時間を詰め込んだ特別なメッセージカードを作ることができます。

添削は時間があれば子どもたちにさせても良いですし、先生が後から修正することも可能です。タイピングが難しい1年生の場合は、前ページの図のように、Padletの描画入力機能を使ったり、自分の写真を投稿したりして、メッセージを届けることもできます。実際に低学年の子どもたちでもすぐにメッセージの投稿に慣れた様子でした。また、特に促したわけではありませんが、テキストとイラストを組み合わせて独自のメッセージを表現した子も見られました。

学校ごとの方針やセキュリティポリシーにもよりますが、先方にPadletボードをシェアする際に、投稿やコメント機能をオンにしておくと、先方から返事をもらうことができます。「お礼の手紙を送って終わり」ではなく、返事をもらうことで新たなコミュニケーションが生まれる可能性があります。こうした双方向のやり取りができるのは、デジタルメッセージならではの大きな魅力です。

学年単位や全校でお礼を書く機会も多いと思います。Padletを使ってメッセージを作成することで、子どもたちや先生方にPadletに直接触れてもらう良い機会にもなります。これにより、Padletの活用機会を広げるきっかけを作ることができます。

ゲストティーチャーから返信メッセージやコメントが届いた様子（「匿名」からの投稿が返信）、「お礼の気持ちを伝える」ことで、新たなコミュニケーションが生まれた

実践例　導入　全学年共通

Lesson 16 導入時はまず、子どもの感想や成果物をシェアしてみよう

Padletは学習感想や成果物の共有に最適なツールです。効率よく記録・シェアでき、子どもの学びや教員の評価の助けになります（文／古矢岳史）。

1 ｜ 学習感想を投稿し、シェアしよう

クラスでPadletを導入する際のオススメは、学習感想を書く活動です。特に時間が限られている場合に非常に有効です。［ウォール］フォーマットでセクションなしのPadletボードを準備し、添付ファイルをオフに設定した上で、投稿フィールドに子どもたちに記入してほしい項目を設定しておくだけで簡単に始められます（レッスン08項目3参照）。

下図は筆者の勤務校で行われていた朝学習の時間に実施された「人権朝会」でのPadletボードの例です。この活動では、人権尊重に関する映像教材を視聴した後、その感想を共有しました。高学年の場合ですが、わずか5分程度の時間で、このように多くのアウトプットが得られました。

Padletでは相互参照が可能なため、感想を書くのが苦手な子どもたちも他の投稿を参考にしながら、自分の感想を書くことができていました。もちろん、自分だけで感想を書き切れる力も必要ですが、苦手な子どもたちにとっては、数分で自分の考えをまとめるのは難しいことです。Padletを活用することで、こうした子どもたちの学習を助けることができると感じています。

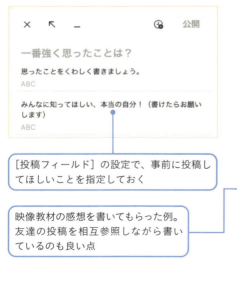

［投稿フィールド］の設定で、事前に投稿してほしいことを指定しておく

映像教材の感想を書いてもらった例。友達の投稿を相互参照しながら書いているのも良い点

2 ｜ 学習成果物を投稿し、シェアしよう

Padletは学習成果物のシェアにも最適なツールです。下図は家庭科の手作り作品をシェアしたPadletボード「思いを形に、生活を豊かに」の例です。バッグやクッションなど、作ったものを投稿タイトルにして、写真と感想を添えて投稿させることにしました。

第2章のレッスン06で紹介したように、書写作品や学習活動の成果物の写真を添付し、その工夫点を記録しておくだけで、その学習のアーカイブが簡単に残るのがPadletの利点です。写真付きの成果物をシェアすることは、後で振り返る際にも一覧性が高いですし、リアクションやコメントも付けられやすいです。

教員にとっても、Padletに記録された成果物は評価の際に非常に参考になる資料となります。また、子どもたちの工夫や努力が見える形で記録され、共有されることで、学びの振り返りにも役立ちます。

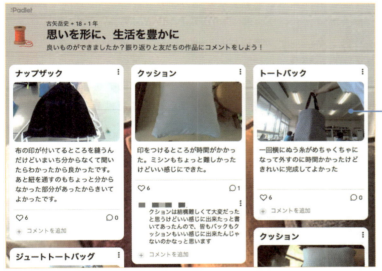

成果物のシェアは、Padlet導入時に手軽に試せてオススメの手法。学習の記録になる上、評価のときに役立つアーカイブにもなる

成果物の中でも写真で見て良さが伝わってくるものは、リアクションやコメントが付きやすい。子どもたちの振り返りにも最適

実践例 | 導入 | 全学年共通

Lesson 17 導入に最適！ ポータルサイトとしての Padlet のススメ

クラスの情報を Padlet に集約し、ポータルサイトのように活用することで、素早く簡単に必要なデータへアクセスできます（文／古矢岳史）。

1 | クラスで使うすべての情報を Padlet へ！

これは筆者が最もオススメしたい、導入時の Padlet 活用法です。

PC端末を活用した授業では、Canva や Google スライドへの招待、参考動画や Web サイトの資料のシェアなど、オンライン上のデータにアクセスする場面が多くあります。通常、Google Classroom などでリンクを送ることが一般的ですが、リンク先の URL のみが表示され、子どもたちが「どれですか？」と混乱することも少なくありません。

下図のように、筆者はセクション付きの［ストーリーボード］フォーマットの Padlet ボードで、クラスのポータルサイトを作成しています。教科ごとにセクションを作り、当日使用するデータの投稿ボックスの色を赤に設定。プレビュー画面も表示されるため、視認性が高く、子どもたちが速やかにアクセスできるようになりました。また、投稿ボックスの色を簡単に変更できるので、「緑のボックスを押して！」といった指示を出すだけで、低学年の子どもたちでも迷うことなく情報にアクセスできます。

教科ごとにセクション分けして、クラス内で参照する情報をすべてボード内に集約

その日に使うデータは、投稿ボックスの色を赤にすることで、一目でどれを参照したら良いのかがわかる

Padletポータルの利点

①専科との共有

専科の先生にPadletボードのリンクをシェアすれば、担任と同じように利用可能です。Google Classroomのように「教師」として招待する手間がなく、URLのみで使える利点が活きています。

②他クラスでの活用

筆者の勤務校では教科担任制を採用しており、同じ内容の授業を他クラスでも展開します。Padletでは区切りリンク（レッスン09参照）を発行し、そのクラスのGoogle Classroomにリンクを投稿するだけで、同じ状態で授業を展開できます。

ポータルサイトにセクション分けした「音楽」の欄に専科の先生が参加した例。リンクをシェアするだけで、すぐに使ってもらえるのが便利

2 | その他の活用例

その他にも、自習になったときの課題を番号順に並べたセクションを作成したり、夏休みのオンラインでの課題を並べたりと、使い方は無限に広がります。

また、子どもたちにも「自分たちで投稿しても良いよ！」と声をかけると、係活動のアンケートやお知らせを投稿するようになり、「みんなのPadletに投稿してあるので〜」といった伝達が日常的になりました。

子どもたちが自主的に作った「お知らせ」のセクション。係や委員会活動の情報を投稿するようになった

実践例 | 低学年→1年 | 道徳 | 特別支援

Lesson 18 非言語で投稿＆リアクションできる Padletの強みを活かした使い方

Padletでは、誰もが豊かなコミュニケーションを楽しめます。子どもたちの温かいやり取りが、新たな学びを生みます（文／古矢岳史）。

1 ｜ Padletは、豊かなコミュニケーションを生むツール

下図は、1年生の道徳「ありがとうを伝えよう」という学習で使用した［ウォール］フォーマットのPadletボードです。この時間は1年生にとってPadletを初めて使う機会でした。子どもたちは「ありがとう」を伝えたい相手にお願いして写真を撮影し、メッセージとともにボード上で公開しました。その投稿を読んだ相手がコメントやリアクションを返すことで、1年生でも簡単に温かいやり取りを行えました。絵文字や短いテキストを使いながら、コミュニケーションを楽しむ子どもたちの様子が印象的でした。

「ありがとう」のメッセージに相手の顔写真を添えて投稿するだけで、ボード全体が温かい雰囲気になり、「ありがとう」の輪が広がりました。子どもたちは、手紙や言葉で直接伝えるのが理想的であっても、必ずしもそれが得意でない場合があります（筆者も同様です）。しかし、ICTツールを活用することで、言葉でのコミュニケーションが苦手な子どもたちでも、楽しみながら豊かなコミュニケーションを取ることができるのです。

Padletは、投稿やリアクション、コメントのレスポンスが速く、リアルタイムで更新されるため、低学年の子どもたちにもテンポ良く利用できる点が非常に魅力的です。

1年生が写真、［いいね］などのリアクション、絵文字、短い言葉などを使って、ありがとうを伝えている様子。手軽にコミュニケーションが進み、教室全体が温かい雰囲気になった

2 | 非言語コミュニケーションを支える唯一無二のツール

この1年生は、担任の先生が早くからPC端末を導入していたため、タイピングによるテキストでのコミュニケーションができていました。しかし、Padletはそれだけではなく、写真や動画、描画ツールを使った投稿やコメントが可能であり、非言語によるやり取りができる点が大きな特徴です（レッスン07項目6、7参照）。

下の写真は特別支援学級で、言語によるコミュニケーションが難しい子どもが動画で自分の思いを投稿しているところです。この子はなかなか自分の思いや考えを表出しない子ですが、Padletを使う場面では、友達の発表の良さを伝えたくなり、積極的にアウトプットしていました。

言語以外の方法でアウトプットできるのがPadletをはじめとするICTツールの良さです。多くのICTツールでは非言語で投稿することは可能ですが、非言語でコメントを行い、相互にやり取りができるツールは他に見当たりません。この意味でPadletは唯一無二の存在です。

Padletは、言語能力や障害に関係なく、誰もが自分の方法でコミュニケーションを取ることを可能にするツールです。年齢やさまざまなハードルを乗り越えて活用できるこのツールが、これからの学びの場でさらに重要な役割を果たすと確信しています。

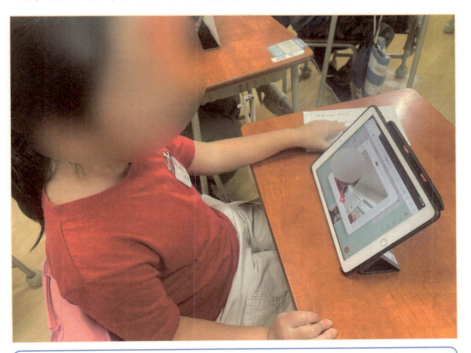

特別支援学級の子どもが動画で自分の思いを投稿している様子。非言語でコミュニケーションできるのもPadletの強み

実践例　低学年→1年　図工

Lesson 19 コマ撮り動画のシェア「〇〇の大冒険」

Padletを活用した1年生の図工授業。コマ撮り動画の共有を通じて、学びの過程を家庭ともシェアできる授業が実現しました（文／古矢岳史）。

1 ｜ 1年生でもGIF画像をダウンロード、投稿、シェアまで

1年生の図工「〇〇の大冒険」（※共著者の海老沢先生の実践例を参考に考案）では、コマ撮り動画を作成し共有する学習活動を以下の流れで行いました。

①身の回りのものにシールの目玉をつける
②コマ撮り動画撮影アプリ『KOMA KOMA×日文』を使用して撮影
③GIF画像としてダウンロード
④［ウォール］フォーマットのPadletボードに投稿、共有
⑤友達の作品にリアクションやコメントをする

コマ撮り動画が動いている様子は紙面ではお見せできませんが、身近なものが命を吹き込まれて、生き生きと動いているような素敵な作品がたくさんできあがりました。

GIF画像で作成されたコマ撮り動画を作品ごとに投稿してもらった例。実際には、GIF画像がアニメーションのように動くので、Padlet上が非常に生き生きしたものに見える

作品はGIF画像としてダウンロードされ、Padletボードに投稿するとプレビュー画面で再生されます。これにより、ボード全体が楽しく華やかな雰囲気になり、1年生も「ハサミが口をパクパクしているの面白い！」「〇〇さんのすごい！　やってみよう!!」などと反応し、シェアされた作品を見て真似をしたり、リアクションを送ったりしていました。

活動場所は教室と廊下に併設されたオープンスペースで行いました。シェアされた作品を見た子どもたちは、その子のところに駆け寄り作品を見せ合ったり、友達と協働して動画を撮影したりする姿が見られました。作品の共有が、新たな協働作業や想像力の広がりを促していました。

2 | ICT活用が学びの基盤に

この1年生は、担任の先生が入学当初からPC端末を自由に使わせていたため、「コマ撮り動画を撮影し、データをGIF画像でダウンロードし、Padletにアップロードする」という一見難しい作業をスムーズに行えました。このような状況を作るには、PC活用の回数と頻度が重要です。

自由にPC端末に触れて、さまざまなことを試せた経験は、ICTを中心に据えた学習活動の根幹を支えることになります。

3 | 家庭とのシェアで広がる学び

次の日、「家に帰ってコマコマのPadletをお家の人に見せたよ！　すごいね、みんな楽しそうだねって言ってたよ！」と報告してくれる1年生がいました。筆者自身も息子が図工で作った作品を持ち帰ってきた際、何が楽しかったのか、どんな活動だったのか、わからないことがよくありました。

しかし、この活動では、Padletを通して子どもたちがその時間の楽しさや活動の過程、さらに他の子たちの成果物まで家庭にシェアできていたのではないでしょうか。

Padletならではの共有性が、学校内の学びを家庭とつなげるツールとしての魅力を存分に発揮した授業となりました。

実践例 | 低学年→2年 | 特別活動

Lesson 20 シャイな子でも取り組みやすい「ありがとう」を集めよう

意見交換が容易なPadletは、特活との相性バッチリ！ 2年生の学級活動の中で、「ありがとう」探しをした際の実践事例です（寄稿／渡邊珠美）。

1 | シチュエーションごとのセクション分けが効果的

ここで筆者が用意したのは、［ウォール］フォーマットのPadletボードとセクション分けの機能です。子どもたちには、この画面を見せながら、「毎日の学校生活の中で、友達のやさしさに触れたときはどんなとき？」と問いかけ、「ありがとう」と思ったことを書き込む提案をしました。後は「じゅぎょうのとき」「やすみじかんのとき」といったシチュエーションごとのセクションを見せました。視覚的に、どこに、何を書けば良いのかがわかりやすいので、子どもたちは画面を開いたそばから夢中になって文字を打ち込み始めました。自分の投稿が教室の大型スクリーンに映し出されると、どの子もとっても嬉しそうです。また、自分の名前が書かれたことに気がついた子は、「○○さんに喜んでもらえて嬉しい。また手伝うね！」なんていう書き込みがありました。コメントのやり取りが瞬時に行われるのも、Padletの良さではないでしょうか。

［ウォール］フォーマットでセクション分けしたボードを用意

セクション名を「きゅうしょくのとき」など、シチュエーション別にして、「ありがとう」を集めた

2 | 二次元バーコードで誘導すると交流が活発に

学級で「ありがとうあつめ」をするとなると、今までは、大きな模造紙に木の幹を描いたものに、付箋やメッセージカードなどで花を咲かせる活動をイメージしていました。みんなの「ありがとう」が、立派な大木に成長していく様子が嬉しくて、「もっと友達の良いところを見つけたい！」という温かな雰囲気が学級全体に広がります。しかし、活動が活発になるにつれ、ある程度のスペースが必要だったり、コメントカードを準備したり、誰がどんな書き込みをしたのか、近づいて読みに行かないとわかりづらかったり……と、使い勝手が悪くなってしまうのも悩ましいところです。

そこで、教室の目立つところに、二次元バーコードを掲示しました（レッスン10参照）。これなら、思い立ったときにすぐに書き込むことができるし、模造紙の周りにみんなを集めなくても書き込みを読みあえるのではと思ったのですが、実際に取り組んでみると、筆者の想像を遥かに上回る反応が起こりました。それは、普段は物静かな子が、帰宅後に自宅から投稿をしてくれたことです。嬉しい関わり合いがあったときに、みんなとシェアする場所があるって、素敵ですよね。この活動は、時折みんなで振り返りをしながら、息の長い活動になりました。

Padletボードのリンクを二次元バーコードにして印刷し、教室に貼り付けたところ、さらに交流が活発になった

実践例　低学年→2年　生活科

Lesson 21

振り返りの質が上がる「作ってためして」

活動記録の振り返りにも Padlet は便利。「自分の記録はいつもここを開けば OK！」という安心感が学習意欲を高めます（寄稿／渡邊珠美）。

1 ｜ セクション分けで活動記録がスッキリと見やすくなる

筆者がここで使用したのは、セクション分けした［タイムライン］フォーマットの Padlet ボードです。この単元は、身近にある材料を使い、動くおもちゃを作って遊ぶ活動でした。「ビリビリ糸電話」「ビューンロケット」「ボートレース」……子どもたちが事前の調べ学習で「作りたい！」と思ったおもちゃのセクションを作り、それぞれの活動記録を蓄積していきました。

今までは、「ふりかえりカード」に手書きでしたが、用紙を前に何を書いていいかわからず固まる子、用紙をなくす子、間違えた文字を消しゴムで消して紙を破り、やる気をなくす子……（笑）。せっかくの楽しい活動だったのに、ここで意気消沈してしまうことも多々ありました。でも、この機能を使えば、その心配は一切不要です。

［タイムライン］フォーマットでセクション分けしたボードを用意

セクション名を「ビリビリ糸電話」など、作りたいおもちゃ別にして、活動記録を蓄積した

[＋] ボタンをクリック（タブレットならタップ）すれば、すぐに入力画面が出て、写真や動画も直感的に入れられますし、友達の記録を読みながら文字を打ち込めるので、2回、3回と繰り返すうちに振り返りの視点が明確になっていくのを実感できました。操作にもすぐに慣れて、途中からはこちらから声をかけなくても勝手にページを開いて書き込みをするようになりました。

2 ｜ スライドショーも直感的な操作でOK

単元の締めくくりは、学校公開日に合わせた「おもちゃランド」というイベント開催でした。ここでは、セクション分けした［ウォール］フォーマットのPadletボードを使って、グループごとに自分たちが作ったおもちゃの宣伝コーナーを作りました。試行錯誤しながら、お客さんに楽しんでもらうために工夫した「パワーアップポイント」を一覧で表示しています。

イベントの宣伝タイムでは、スライドショー機能を使ってグループごとにプレゼンをしたのですが（レッスン11参照）、ボードに入力した画面がボタン1つでスライドになるので、2年生の子どもたちでもサクサクと画面を切り替えて発表していました。参観に来ていた保護者からは「2年生でもこんなにできるのね〜！ すごい！」なんて声が聞こえてきて、子どもたちも誇らしげでした。

おもちゃ屋さんを訪れたお客さん（友達やお家の方）には、遊んだ感想を各セクションのコメント欄に入れるようにお願いしていたので、リアルタイムに投稿されるコメントを読みながら、「もっと良くしていこう！」とさらに試行錯誤する子どもたちの姿が見られました。

学校公開日に公開した宣伝用のPadletボード。作ったおもちゃのグループごとにセクションを分けている

投稿をスライドショーにするだけで、すぐにプレゼンを始められる。実際におもちゃを動かしている様子を動画で紹介するのも効果的

実践例　低学年→1年　生活科

Lesson 22 家庭の取り組みをみんなで共有「かぞくにこにこ大さくせん」

1年生でも感覚的に操作できるのがPadletの魅力。各家庭の取り組みをリアルタイムで共有することでモチベーションアップに！（寄稿／照井由夏）。

1 | ボードに全員分の名前を作るだけでワクワクがはじまる

導入として筆者が実践したことは、［ウォール］フォーマットのPadletボードに子どもの名前を全員分、セクションで分けて作ったことです。Padletに慣れ始めていた1年生でしたが、あらかじめ自分の名前が付いたコーナーができているのは初めての体験で、大喜び。「わぁ～！」「これからどうするんだろう？」ワクワクが止まりません。

「みんなのミッションは、お家の人にニコニコしてもらうこと。そのために自分がどんなことをしたのか、家族はどんなことを言ってくれたのか、動画に撮ってどんどん入れていきましょう！」といったことを伝えました。

また、ボードの一番左に「お手本」として、動画の入れ方を説明した動画と、その下にどんなことを書くといいのかを簡単に説明するための投稿をしておきました。

「学級だより」のボードを作り、保護者にリンクをシェアしたとき、最初の2週間は「お試し期間」としました。操作に慣れていない保護者にも、失敗を恐れずに挑戦してもらうための期間です。最初はどんなことをすればいいか悩んでしまう保護者もいましたが、直感的に使えるPadletのおかげで他の家庭での取り組みもリアルタイムで知ることができます。結果、「そうか！こんなことをしてもらえばいいのか！」と背中を押される形で、新しいチャレンジに踏み出すことができるようになっていきました。

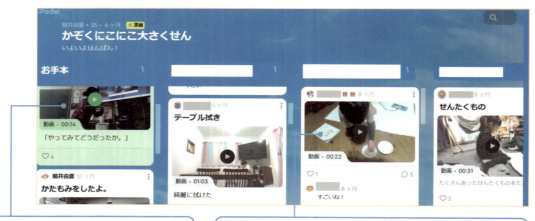

左上に教員からのお手本の動画をアップし、色を付けておく

紙面の都合上、伏せているが、セクション分けして子ども全員分の名前で投稿欄を作った

子どもが投稿した動画の例。一人ひとりが生き生きと、家族のためにしたことを投稿した

2 | 友達のコメントもモチベーションアップにつながる

前述した「学級だより」のサブタイトルには「お試し期間」と記載していました。ある程度、使い方に慣れたところで、この文字を「いよいよ本番スタート」と変更するだけで、すぐに本番がスタートできるのはPadletならではのお手軽さ、教員の強い味方です。ただし、期間限定ですが、期間中はいくらでも投稿していいことにしました。
「そうか！　妹のお世話だって、お家の人も嬉しいんだ！」
「自分のことを自分でやるっていうことも、家族がにこにこするんだね」
このように、友達の取り組みで新しい発見がある子が続出しました。
そして、友達の頑張りにどんどん［いいね］とコメントをし合おう！　と声をかけました。保護者に喜んでもらえるばかりか、友達からの温かい言葉もたくさん。「きれいになったね！」「たたむのじょうずだね！」「いいね。わたしもやってみよう」そんな言葉の1つひとつが、「もっとやりたい！」というモチベーションにつながりました。

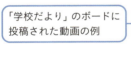

「学校だより」のボードに投稿された動画の例

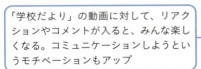

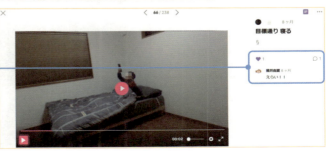

「学校だより」の動画に対して、リアクションやコメントが入ると、みんな楽しくなる。コミュニケーションしようというモチベーションもアップ

3 ｜スライドショーで簡単「にこにこ大作戦報告会」

本番を経て貯まった動画は宝物。保護者を招いて開いた「にこにこ大作戦報告会」では、Padlet上の投稿をスライドショーに変換するだけで（レッスン11参照）、簡単にプレゼンテーションすることができました。

「私は、洗濯物を干しました。これはベランダで洗濯物をつるしているところです。家族が仕事を1つ任せられて楽になったと喜んでくれたのが嬉しかったです」

報告をしながら、本当に頑張った自分の姿を見せられる効果的な発表となりました。

また、「学級だより」にも二次元バーコードを載せて（レッスン10参照）、保護者にも時々見てもらい、コメントを書いてもらうようにお願いしました。保護者は、コメントを書くのをなかなかためらっている様子でしたが、これも積み重ねですね。

そして、報告会をゴールとせずに、その後も3月までずっと続けていくことになりました。

「先生〜！この間、にこにこ大作戦、またやったから入れておいたよ。見てね！！」

などと、嬉しい報告をたくさんもらいました。

生活科の大目標は、「自分自身が大きくなったこと、できるようになったこと、役割が増えたこと、そしてこれからも成長できることに気づき、それを支えてくれた人々への感謝の気持ちと、これからの成長への願いを持って生活できるようになること」です。

これを達成するためには、PadletのようなICTツールを活用し、子どもたちの学びの過程を記録し共有することで、意欲や態度をさらに高めることが必要不可欠です。子どもたち自身の「やりたい！」という気持ちを引き出し、課題解決能力へとつなげる学習活動を展開したい先生方に、ぜひオススメしたい取り組みです。

「かぞくにこにこ大さくせん」の投稿に、保護者からのコメントやリアクションをもらった後、集大成として投稿内容をスライドショーにして発表会を行った

［ウォール］フォーマットで、子ども全員分のセクションを作っただけのボードが、活発なコミュニケーションを経て、より良い学びの教材になった好例

実践例 | 中学年→3年 | 社会

Lesson 23

授業と出会ったときに問いを作る

Padletの良さの1つに「同時性」「供覧性」を活かした活動があります。ここでは3年生の社会科での活用事例を紹介します（文／二川佳祐）。

1 | 社会の導入にはPadletが最適！

社会科の授業では、子どもたちが新しい事象や資料に出会い、そこから自ら問いを立てることが重要です。これにより、学びが深まり、自分なりの視点を持って調べたり考えたりする力が養われます。この「問い」を作る際に、Padletは非常に役立つツールです。

Padletを使うことで、子どもたち全員が同時に意見やアイデアを打ち込むことができる「同時性」、他の子どもの意見を瞬時に参照し合える「供覧性」、さらに投稿に対して［いいね］を押すなどして相互に参照し合う「相互参照性」の3つのポイントが満たされます。これにより、子どもたち同士が自発的に意見を交わし、互いに学びを深めていく学習環境が自然に生まれます。

例えば、社会科の授業で「日本の主要な農産物」について学ぶ単元があったとしましょう。このとき、まず子どもたちに「日本で栽培されている農産物とは何か？」という問いを出します。その後、Padletを使って子どもたち全員に自由に自分の意見を書き込ませることで、次々と意見や情報が集まります。子どもたちは自分の投稿だけでなく、友達が書いた内容をすぐに確認でき、それをもとにさらに新しい疑問や興味が生まれます。この一連の流れが、より主体的で深い学びを促進するのです。

また、Padlet上で集まった意見や情報は、授業の進行に合わせて再度取り上げたり、単元の構成を考える際の基盤として活用することが可能です。子ども一人ひとりの投稿を参照しながら、単元の終わりに向かってさらに掘り下げた問いを立てたり、ディスカッションを行うことで、社会の学びが一層豊かになります。

Padletはたんに情報を共有するためのツールではなく、子どもたちが学びを深め、問いを作り、それを他者と共有し合うための強力な支援ツールとして活用できます。このように「問い」を中心に据えた単元構成を作り、Padletを効果的に活用することで、子どもが主体的に学びを進められる授業を実現できるのです。

2 | こんな風に始めてみましょう

授業の進行において、子どもが自ら学びを深めるための工夫が欠かせません。Padletを使った授業では、次ページの画像のように、［ウォール］フォーマットのボードを作成し、投稿する場所やテーマをセクション分けによってグルーピングすることで、子どもたちが自然と考えを整理しやすくなります。まず、授業のはじめに、投稿する場所をあらかじめ決め、そこに注目させたい共通の資料を投稿します。例えば、社会科の資料として、特定の歴史的な出来事や地理的なデータを示す画像や文章をアップロードすることで、子どもたちはそれをもとに自分の考えを書き込むことができます。

書き込みが始まったら、教員は子ども一人ひとりの考えに対して積極的にフィードバックを与えることが大切です。「○○くんの考え、面白いね〜」や「○○さんはそう考えたんだね」といった言葉を通じて、子どもの意見を価値あるものとして評価し、クラス全体で共有していくことが学習意欲を高めます。教員の肯定的な評価が、子どもたちに自信を与え、次の考えを深める動機となるのです。

ある程度の書き込みが完了したら、次に相互評価の時間を設けます。この段階では、子どもたちが他のクラスメイトの投稿を見て「確かに！」と思うものに［いいね］を押すよう指示を出します。この評価のプロセスは、他者の視点を学ぶ重要な時間です。Padletの設定を「いいねの多い順」に並べ替えることで、クラス全体で特に注目されている問いや気づきが浮かび上がり、それが次の学習の方向性を導く手がかりとなります。

こうした活動を通じて、子どもたちの関心や理解がどのように発展しているかを確認し、それを授業の進行に反映させていくことができます。子どもたちが「他者の意見を尊重しながら、自分の考えを深めていく」という経験を重ねることで、主体的な学びが促進され、社会科の学習における理解が一層深まるのです。

このように、Padletを使った授業の流れは、たんなる意見交換の場としてだけでなく、子どもが互いに学び合い、相互評価を通じて自らの考えを洗練していくプロセスを体験させることができるものです。

［ウォール］フォーマットで作成したボードをグループごとにセクションを分ける

各セクションに共通の資料を添付し、投稿内容を指定しておく

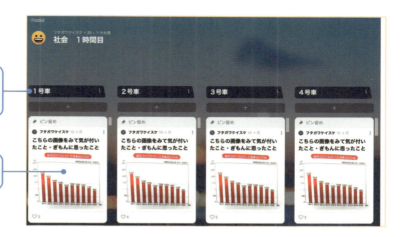

ボードの設定画面にある［並べ替え］を［いいね］に設定

［多い順］を選択して、［いいね］が付いた投稿が上位表示されるよう設定

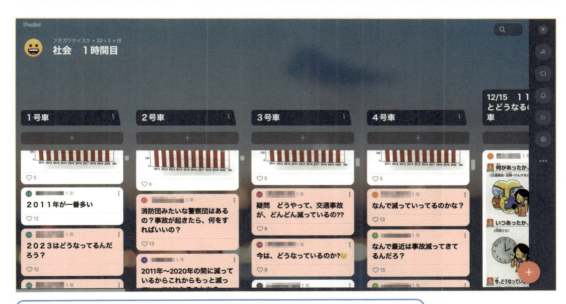

相互評価やフィードバックが一通り終わった様子。他者の意見が子どもの考えを深める

実践例　中学年→3年　総合的な学習の時間

Lesson 24　総合的な学習の時間でかるたを作る

総合的な学習の時間で、地域の魅力を伝えるために、「あ〜ん」までのかるたを作りました。そのときに大活躍したのがPadletです！（文／二川佳祐）。

1 ｜ 役割を同時並行で進行するのがPadletの得意技

3年生の総合的な学習の時間で、「ねりま（練馬）をみんなにコマーシャル」という単元を行いました。これは、2年生での生活科の「街たんけん」や、3年生の社会科の学習で学んできたことと、国語の単元をコラボレーションしてできた単元です。1年間学習してきたことを、相手意識を持ってPRしていくことをしていきました。

筆者が担当した年に注目したのが「かるた」でした。学校外の活動で知り合った地域のかるたの「吉祥寺かるた」を知って、これを教室のみんなと作れば1つの発信活動になるのではないかと考えました。吉祥寺かるたの創設者の徳永健さんをお招きして、授業をしてもらい、そこからかるた作りを始めました。下の写真はそのときにブレストで拡げたかるたの案です。

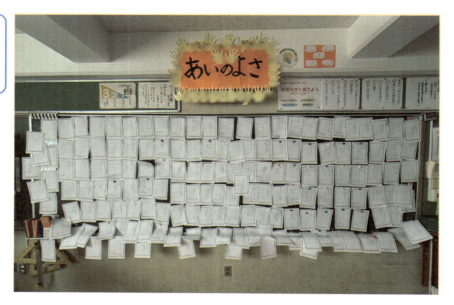

まずは講師を招き、そこから得たインスピレーションをもとに、紙にアイデアを書き出した

それらを使ってひらがなの「あ〜ん」の50音ごとに分けました。そしてそれぞれの50音の担当を決めていきました。その際に力を発揮したのがPadletです。

次ページの図のように［ウォール］フォーマットのボードを作成し、50音ずつセクションを分けて、それぞれにかるた作りを進めました。

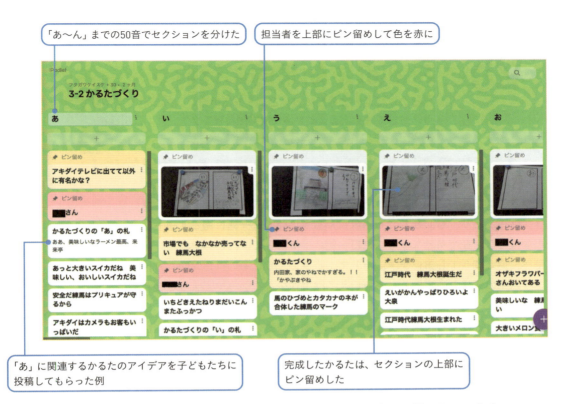

1枚目の写真に出たような膨大な量のアイデアを、Padletを用い50音順に整理していきました。そしてその後、担当者を決めて、その子どもの名前をピン留めして上部に固定しました。目立ちやすいように色も赤に変更しました。その子がかるたを作り、できたものは写真に撮ってアップロードして最上部に固定していくと完成していく様がとてもよくわかりました。

2 ピン留め、色付け、投票、リアクションなど投稿後にも学びは続く

上記の実践にもあるように、Padletは投稿の蓄積を整理してくれるものであると同時に、そこから整頓も手伝ってくれます。リアクションを導入して、投票数の多いものを上部に表示されるように設定したり、面白いものを選んで固定をしたり、コメントを入れたり、さまざまなことができます。学校にしかできないこと、クラスの仲間としかできないことは互いに「学び合うこと」です。学校だからこそ、一緒に考え、自分との考えに気がついたり、友達に刺激を受けたりします。

実践例　中学年➡3年　学級活動

Lesson 25

学級活動の「いいとこ見つけ」を Padletで効果的に行おう

毎日の学級活動で仲間の良いところを認め合い、Padletを活用してクラス全体で共有することで温かな学級を育てます（文／二川佳祐）。

1 ｜ 学級を温める活動×デジタルでより効果的に！

クラスで過ごす仲間たちとは、年間約200日学級で顔を合わせます。これはほぼ家族のような存在であり、もしかしたら家族よりも長い時間を一緒に過ごす子もいるほどです。そんな大切な存在でありながら、毎日一緒にいることで、互いの良いところも嫌なところも自然に見えてきてしまいます。そして、家族のようにその存在が当たり前になってしまうと、感謝の気持ちや良いところを伝える機会が少なくなってしまうことがあります。

そのため、担任として筆者は毎年、学級活動や道徳の時間を使って、互いの良いところを見つけて伝え合う活動をしています。「いいとこ見つけ」「いいところ探し」「キラキラさん」など、活動の名前はさまざまですが、どれも非常に大切な取り組みです。学校でしか、そして先生にしかできない活動だと思います。こうした活動を通して、子どもたちは自分では気づかなかった自分の良さに気づいたり、友達の良いところを見つける習慣を身につけたりすることができます。この活動は、温かく成長していく学級を作っていく上で、担任にとって欠かせない授業・活動だと感じています。

筆者は毎年のようにこの活動を実践しており、単発で行うこともあれば、北九州市の菊池省三先生が提唱する「ほめ言葉のシャワー」のように、半年や通年を通して取り組むこともあります。かつては、この活動は紙を使って小さなレターを送り合う形式で行っていました。手書きのメッセージには温かみがあり、とても良い活動でしたが、Padletを使うことで、より効率的に行うことも可能です。

2 ｜ Padletを使った「ほめ合う・認め合う」活動

その一例が、Padletを使った「ほめ合う・認め合う」活動です。このアイデアは、X（旧Twitter）で精力的に発信している東京都の公立小学校の生井先生（ナ・マイケル先生）の活動から学びました。Padletを使うことで、クラス全体で簡単に互いの良さを共有し合うことができます。

具体的には、Padletに［ウォール］フォーマットのボードを作成し、子どもたち一人ひと

りの名前をセクションとして作り、その中に他の子どもたちがその子の良いところを書き込む場所を設けます。班や号車ごとにセクションを作って、そこに互いの良いところを書いても良いでしょう。Padletはデジタルな掲示板として機能するため、誰でも簡単に投稿ができ、また視覚的に見やすいのも特徴です。この形式を使うことで、クラスの仲間たち全員の良いところを視覚的に共有することができ、クラス全体にポジティブな雰囲気が生まれます。

生井先生は、この活動を成功させるために重要なポイントを教えてくれました。まずは、「書かれた人だけでなく、書いた人も積極的に価値づけすることが大切」という点です。普段は気づきにくい良いところを見つけて書いた子にスポットライトを当てたり、その子にお礼を言っている場面を評価することで、「何個書かれたか」「私は少ない」といった数にとらわれず、質の面で価値を感じる活動になります。書くという行為自体がクラスの中で重要な役割を果たしていることを認識させることで、より多くの子どもたちが積極的に参加しやすくなるのです。

2つ目に大切なのは、「先生も全力で書く」ということです。先生が全力で子どもたち一人ひとりにコメントを書き、良いところを見つけて言葉にすることで、そのコメントがクラス全体に影響を与えます。特に、普段あまり目立たない子どもに対して、先生が熱意を持ってコメントを書くことは、その子にとって非常に大きな意味を持ちます。また、先生のコメントは他の子どもたちにとってもお手本となり、「良いところを書く視点」や「友達の素晴らしい面を見つける力」を育むことにつながります。

Padletを使うことで、学級活動としての「いいとこ見つけ」がより効果的に行えるようになりました。紙を使った手書きのメッセージと併用することで、それぞれの方法の良さを活かし、より多様な形で子どもたちの良さを認め合うことができます。また、Padletでの書き込みはリンクを共有するだけで、保護者にもその様子を手軽に見てもらうことができます。これにより、家庭でも子どもたちの成長を感じ取る機会が増え、学校と家庭が一体となって子どもたちを支える環境を作ることができます。

さらに、この活動は子どもたちにとっても大きな自信を育む機会となります。友達から「こんなところが素晴らしい」と言われることで、子どもたちは自分の良さを再認識し、それが自己肯定感の向上につながります。特に、普段あまり目立たない子どもに対してクラス全体で良いところを見つけて伝えることは、その子の自信を育て、学級の一体感を強める重要な要素となります。

私たち教員にとって、クラスを温かく支え合う集団に育てることは非常に重要な使命です。そのために、互いの良さを見つけて伝え合う活動は欠かせません。Padletを使った「いいとこ見つけ」の活動は、クラス全体で子どもたちの良さを認め合う素晴らしい方法です。そして、その活動の中で、先生自身も子どもたちと一緒に学び、成長することができるのです。

これからも、このような取り組みを通して、子どもたちが自分自身や仲間たちの良さに気づき、それを素直に伝えられる環境を作っていきたいと考えています。Padletを活用した学級活動は、子どもたちの成長を支える大きな力となると確信しています。ぜひ、皆さんのクラスでも、この「いいとこ見つけ」を取り入れてみてください。

実践例　中学年→4年　道徳

Lesson 26 『うめのき村の4人兄弟』の意見交換から自分の考えを深める

Padletと道徳の相性は抜群です。たくさんの友達の考えに触れ、認め合い、自分の世界を広げるきっかけ作りになります（寄稿／森 和哲）。

1 ｜ Padletで広がる交流→道徳の学習を自分事に

自分でじっくり考えたり友達と意見を交流したりしながら、自分の世界を広げ、より良い生き方を見つけていく……そんな道徳の学習と、Padletは相性が抜群です。

4年生『うめのき村の4人兄弟』（新訂／新しい道徳4／東京書籍）の授業では、4人兄弟がそれぞれの長所や能力を発揮して、協力することで、嵐から村を守ることができたというお話です。あらすじを確認した後、Padletの［ウォール］フォーマットのボードを使って、「自分の長所を知ることの良さ」をそれぞれの子どもたちに書かせました。「自信が持てる」「自分自身のピンチを救ってくれる」「もしかしたら家族とかを助けることができるかもしれない」「自分自身だけでなく、人の役に立ったりするかもしれない」など、多種多様な意見がボードに並びました。

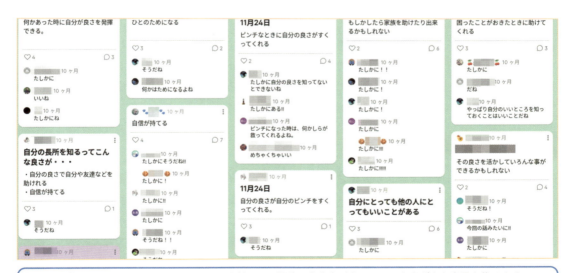

［ウォール］フォーマットだと、1つのテーマに対して、投稿の自由度が高いので、さまざまな意見を集めやすい。ここでは「自分の長所を知ることの良さ」について意見を書いてもらった例

書き終わった子から先に意見を投稿できるので、子どもたちは友達の考えにどんどん触れることができます。そして、自分には考えつかなかった新たな考えに出会ったり、自分と同じような考えをしている人を見つけ、「やっぱりそうなんだ！」と自分の意見に自信をも

ったりしながら、「自分の長所を見つけることの大切さ」について、考えを深めていきました。もちろん、学級の中にはなかなか自分の考えが言葉にできない子どももいます。でもPadletを活用すれば、友達が書いた意見を瞬時に見ることができ、自分が「そうだな」と思うものを参考にしながら書くことができるので、先生から直接の支援がなくても、子どもたちはしっかりと自分の考えをまとめることができていました。

そして、授業の最後には、自分の良さを理解した上でさまざまな場面で自分の良さを活かしていくことが、より一層、自分の生活を豊かにし、困難な状況に直面したときに、乗り越える力になることを多くの子どもたちが実感できたことがわかるような振り返りがたくさんありました。

道徳の時間には、自分の価値観を広げていくために、たくさんの他者の意見・考えに触れさせたいものです。もちろん、挙手をして発言させるのもいいのですが、Padletなら「全員」が意見を発表する形になります。触れられる意見の数が圧倒的に多くなるのです。また、Padletに書き込む、友達の投稿を読む、友達の投稿にコメントするというたくさんの能動的な活動が、道徳の学習を「自分事」にしていきます。そしてそのことが自分の価値観を自分でアップデートしていける人物を育てることにつながっていくのです。

2 | 道徳のワークシートをPadletで作るメリット

道徳の授業では、子どもたちに自分の思いをしっかり書いてもらうために、これまで紙のワークシートを使用することが一般的でした。しかし、Padletの投稿フィールドをカスタマイズできるようになってから（レッスン08項目3参照）、Padletボード上で実施することが多くなりました。その利点は以下の3点です。

①記述量の自己調整が可能

Padletでは記述する枠の大きさが固定されていないため、子どもたちは自分が書きたいだけ書くことができます。一方、紙のワークシートの場合、記述欄の大きさを先生があらかじめ設定する必要があり、これを子どもたちの実態や設問に合わせるのは手間がかかる作業です。Padletを活用することで、こうした教材準備の負担が軽減されるだけでなく、子どもたちが自分に合ったペースで記述できるようになります。

②即時にフィードバック

Padletの大きな特徴の1つは、コメントやリアクションが即時に反映されることです。先生が子どもの投稿にすぐコメントしたり、リアクションを送ることで、子どもたちはその場でフィードバックを受け取ることができます。このスピード感が、子どもたちに「書き

たい！」という意欲を引き出す重要な要因となっています。また、先生が授業のねらいとしている価値観に基づいたコメントを積極的に投稿することで、より多くの子どもたちがその価値観に気づけていました。

③ワークシートを柔軟にカスタマイズ

Padletでは、授業の進行状況や子どもたちの反応に応じて、設問をその場で変更したり、追加・削除することができます。この柔軟性は、紙のワークシートでは得られない大きなメリットです。あらかじめ固定されたワークシートに縛られるのではなく、授業中の子どもたちの意見や学びを反映しながら、新しい設問を追加していくことで、授業そのものがより創造的で双方向的なものになります。

Padletを活用することで、授業準備の効率化だけでなく、子どもたちの学びの質が向上します。

カスタム投稿フィールドを使った学習ボードの例。授業展開に合わせて、「みんなに知ってほしい本当の自分は？」のような問いを追加し、書き込みしやすいようにしている

実践例　中学年→4年　国語

Lesson 27　紙でやるより効果的＆効率的「作文を読み合おう」

学習のまとめの交流活動もPadletにおまかせ！　作文を読み合って、コメントし合う活動事例を紹介します（寄稿／森 和哲）。

1 ｜ 付箋いらず。Padletならより学習が効率的に

国語の単元で、子どもたちが一生懸命書いてきた作文。学習のまとめとして、お互いの作品を読み合い、コメントし合う活動を行うことが多いと思います。しかし、ワークシートを用意したり、付箋をたくさん準備して子どもたちに配ったり（何枚配ろうか悩むことも……）。そんな手間は、Padletを使えばまったく必要ありません。
次の3ステップで簡単に実現できます。

①［ウォール］フォーマットのPadletボードを作成
②子どもたちの作文を文書作成ソフトでPDF化してダウンロードさせる
③PDFのファイル名に名前を付けてボードに添付し、一人ずつ投稿させる

Padletを活用することで、付箋や紙を使う煩雑な作業を省き、学びの効率を大幅に向上させることができます。

作文をPDF化したファイルをボードに添付して、一人ずつ投稿させる。誰の作文なのかは、ファイル名が表示されるのですぐわかる

作文に対して、友達に［いいね］やコメントを寄せてもらう。付箋を使うよりも効率的に感想を伝え合うことができる

2 | Padlet活用のメリット

- **コメントを見返せる利便性**
  誰がどんなコメントを書いたのか、先生も子どももいつでも見返すことができます。子どもたちは家でじっくりとコメントを読み、自分の作品を振り返ることができます。また、先生が良いコメントを見つけて全体に紹介することも簡単です。付箋ではなかなか保存が難しい記録も、Padletなら問題ありません。

- **コメントの質が向上**
  全員が見える場にコメントを投稿するため、きちんとした内容を意識するようになります。その結果、作文をしっかり読む子どもたちが増え、学びの質が高まります。

- **作品が一箇所に集約**
  作品がボードにまとまっているので、子どもたちは多くの作品を読むことができます。他の子と作品を交換したり、グループで回したりする手間が省け、その分、読み合いに集中できます。

- **新たなコミュニケーションが生まれる**
  普段あまり話したことがない友達の作品にコメントする子どもも見られます。直接は伝えにくいことも、Padletを通じてなら伝えられる。そんなコミュニケーションの広がりが生まれるのもPadletの魅力です。

- **準備が簡単**
  授業開始5分前でも簡単にボードを作成できます。これほど手軽に始められるツールはなかなかありません。

Padletを活用することで、学びの場が効率的かつ豊かなものになります。ぜひ試してみてください！

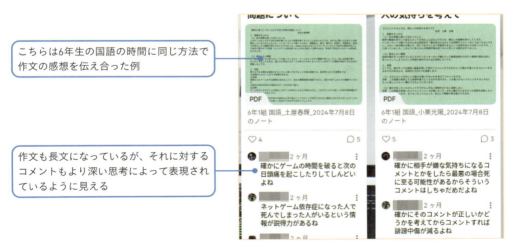

こちらは6年生の国語の時間に同じ方法で作文の感想を伝え合った例

作文も長文になっているが、それに対するコメントもより深い思考によって表現されているように見える

実践例　中学年→4年　算数

Lesson 28
友達の考えが一気に見える「計算の仕方を考えよう」

算数の時間もPadletを使えば、意見交流がどんどん進みます。コメントをもらえることで、学習へのモチベーションもアップします（寄稿／森 和哲）。

1 ｜［ウォール］を使えば、考えの交流がどんどん進む

算数の時間で、課題に対し子どもが自分の考えをまとめ、友達とその考えを発表し合う……そんな課題解決型学習の授業も、Padletを使うことで、より効率的かつ効果的に行うことができます。先生がすることは、子どもたちが考えたことを投稿できるように、［ウォール］を作っておくだけです。先生は友達の投稿を見て、「自分と違うところや同じところや似ているけれど少し違うところなどを発見してみよう！」「わからないところがあったら、質問してみよう！」などと促しておけば、後は子どもたちがどんどん交流をしていきます。「その考え、いいね！」「自分と同じ考え方だ！」「〇〇のところが自分のやり方と一緒」などとコメントしあい、子どもたちは自分たちで学びを広げていくことができるのです。先生が「それでは友達の意見を聞いて、感じたことを言ってあげましょう」ということを全体で毎回確認をする必要はありません。

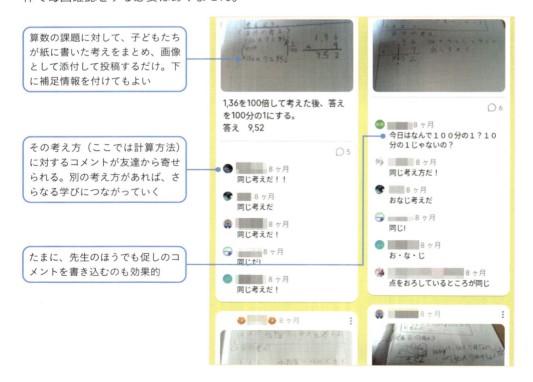

- 算数の課題に対して、子どもたちが紙に書いた考えをまとめ、画像として添付して投稿するだけ。下に補足情報を付けてもよい
- その考え方（ここでは計算方法）に対するコメントが友達から寄せられる。別の考え方があれば、さらなる学びにつながっていく
- たまに、先生のほうでも促しのコメントを書き込むのも効果的

2 ｜ 自然にコミュニケーションを取りながら課題解決へ

Padletを算数で活用することの良さは、子どもたちが自発的に発言し、意欲的に他者と関わるモチベーションを上げることです。まず、全員が自分の考えを投稿することになるので、多くの子どもたちが考えることから逃げてしまったり途中で諦めてしまったりせず、なんとか自分の考えをまとめようと奮闘します。また、さらに良いのがコメント機能です。コメントは投稿されると、瞬時に表示されるため、子どもたちはたくさんのコメントを欲しがっている様子でした。また、チャットやさまざまなSNSと同じようなUIなので、子どもたちは自然にコメントをたくさん書き込んでいきます。しっかり考えたことや思いを伝えようと、友達の考えをよく読んでいました。そして、思ったことを素直にコメントに書き込みます。時には友達のところに直接行き、「これ、どういうこと？」と質問をしている姿も。Padletを通して、子どもたちは自然にコミュニケーションを取りながら、課題の解決に向かうことができるのです。

先生もすべての子どもの考えをまとめて見ることができるので、コメントで瞬時にフィードバックを送ることができます。即時性のあるフィードバックがあることで、その場で先生から子どもに「気づき」を与え、その授業の時間内に学びを進めることができました。Padletの活用が授業中のコミュニケーションの幅を広げ、算数の学習をより「自分事」にしていくのです。

一斉指導や全体に発問を投げかけて確認する時間が大幅に短縮され、子どもたちがみずから進んで相互参照し相互評価をして、学びを深化させていく。こうして一般的な課題解決学習が「効率的で効果的な」学びとなっていくことを実感しています。

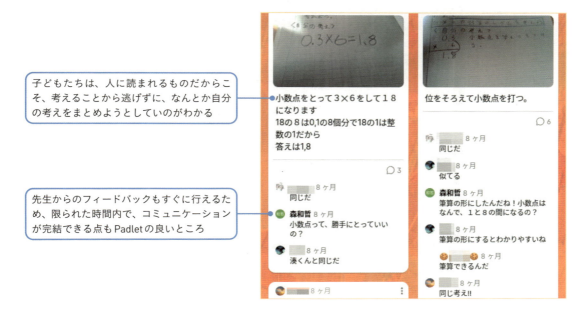

子どもたちは、人に読まれるものだからこそ、考えることから逃げずに、なんとか自分の考えをまとめようとしていのがわかる

先生からのフィードバックもすぐに行えるため、限られた時間内で、コミュニケーションが完結できる点もPadletの良いところ

実践例 | 中学年→4年 | 図工

Lesson 29 制作過程を蓄積し、振り返る「ビー玉コース」

制作活動や鑑賞活動でPadletを活用することで、子どもたちは成果を共有し合い、協働的な学習を進めていきます。（寄稿／丸山大貴）。

1 | 制作過程をポートフォリオにし、学びを蓄積しよう！

今回の図画工作の授業では、班ごとの制作活動のため、［ウォール］フォーマットでセクションを班ごとに準備しました。子どもたちは毎時間、学習の中でアイデアを出し合いながらビー玉のコースを作成し、授業の終わりには、その日の成果を画像や動画で記録し、ポートフォリオ形式で蓄積しました。他の班の取り組みにコメントでエールを送る姿も見られ、子どもたちは他の班のアイデアを観察することで新たな発想を得て、それを次の活動に活かしていました。

ウォールに投稿された画像や動画はたんなる記録にとどまらず、子どもたちの努力の軌跡として残りました。これらの記録はポートフォリオとして活用され、振り返り時には各班の成長過程を確認することができました。また、子どもたちは互いのフィードバックを意識しながら、より創造的に制作活動に取り組むようになり、授業全体に自然と協力や共感の雰囲気が生まれました。

班ごとにセクションを分けて、ビー玉のコースを作成した画像や動画とともにテキストを投稿させ、その制作過程をポートフォリオとして蓄積していった

2 | 鑑賞活動もPadletのコメントで、モチベーションアップ！

今までの鑑賞活動では、友達の作品を見て準備した付箋やワークシートにコメントを書き合う形式が一般的でした。そうすると、誰が書いた付箋かわからなくなったり、付箋自体がなくなったりすることがあり、毎回課題が残りました。今回の活動では、Padletのコメント機能を活用してお互いのコースの感想を書き合いました。Padletでは誰が書いたコメントなのかがすぐにわかり、記録もデジタルで保存されるため、コメントがなくなる心配もありません。［いいね］のアイコン表示だけでも子どもたちは嬉しそうに反応し、笑顔でコメントを楽しんでいました。Padletのコメント機能を使うことで、子どもたちはさらに積極的にお互いの作品を評価し合うようになりました。誰がコメントを書いたかが明確なため、フィードバックの信頼性が高まり、子どもたち同士のコミュニケーションも深まりました。［いいね］や簡単な言葉だけでも、自分の頑張りが誰かに認められていると感じられるため、子どもたちは笑顔で活動に取り組んでいました。友達の応援や共感のコメントが、次の活動へのモチベーションにつながる様子も見られました。

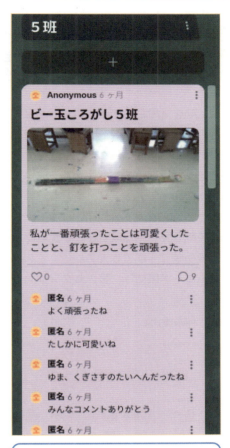

他の班の友達からも、コメントが寄せられることで相互評価が容易に

Padletでの記録はデジタル形式で蓄積されていくため、振り返り活動も簡単に行えます。過去のコメントやフィードバックを確認することで、自分たちがどのように改善を重ねてきたのかを再認識でき、より深い学びを得ることができました。

最後に行った「お互いのビー玉コースで遊ぶ活動」では、Padletボード上で毎時間お互いの工夫を共有していたため、自然とお互いの工夫を称え合う雰囲気が生まれていました。クラス全体で良さや課題点を理解し合いながら協働的に楽しみ、学ぶ姿が多く見られました。これにより、たんなる制作活動にとどまらず、チームワークやフィードバックの重要性についても学ぶことができた単元となりました。

AIボード（カスタムボード）の活用法①

Padletには AI がボードを自動生成してくれる機能がベータ版として実装されています（文／古矢岳史）。

Padletには、AIを活用してPadletボードを自動作成する「カスタムボード」機能が最近、実装されました。この機能は日々進化を続けており、特にセクションの多いボードを作成する際に非常に便利です。例えば、子どもたちの名前ごとにセクションを分けたボードを、大幅に時間を短縮して自動作成することが可能です。以下の手順で作成できます。

このカスタムボード機能は、特にセクションが多いボードや時間が限られた状況で授業準備を行う際に役立ちます。手間がかかるセクションの作成や名前の入力を一瞬で完了させることができます。

AI生成メニューを活用したカスタムボード機能は、Padletボード作成の効率を劇的に向上させるツールです。時間を節約しつつ、必要な機能を備えたボードを簡単に作成できるこの機能を、ぜひ活用してみてください。

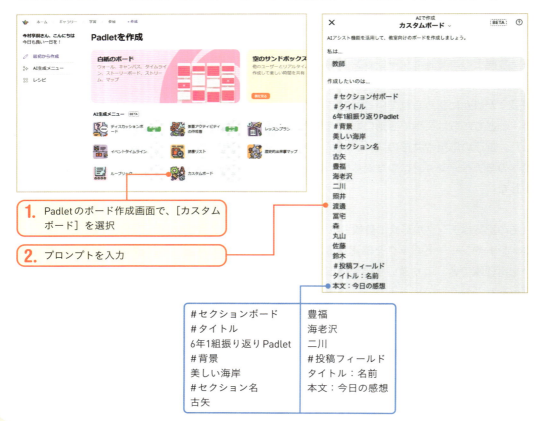

1. Padletのボード作成画面で、[カスタムボード]を選択
2. プロンプトを入力

第 **4** 章

chapter
4

授業での活用事例
［高学年・特別支援］

小学校高学年でのPadlet活用事例を紹介します。思考の可視化やグループワーク、プレゼンテーションの場面など、より発展的な活用方法について具体例を交えながら解説します。また特別支援学校での活用事例もこの章にまとめてあります。

実践例 高学年→5年 理科

Lesson 30

Padletで考えを深める「溶けたものを取り出す（考察）」

Padletは学びの蓄積・振り返りに便利なほか、深い考察を行うにも最適です。ここでは5年生の理科で行った実践例を紹介します（寄稿／丸山大貴）。

1 | Padletを使えば、学びの全体共有が一瞬で可能

理科の学習では、予想や結果、考察など、考えを共有する場面が多くあります。これまで、子どもたちはノートに書いた考えを見に教室を歩き回っていましたが、友達の考えに触れるまでに時間がかかり、その結果、意欲が次第に低下していく様子が見られました。

そこで、Padletで［ストーリーボード］フォーマットのボードを作成し、課題ごとにセクションを分けることで、瞬時に考えを共有できるようにしました。その結果、自分の考えと友達の考えを比較したり、共感したりする場面が増えました。また、質問がある場合はコメント欄を活用することで、さらに学びを深めようとする姿も見られました。

Padletの活用により、子どもたちは素早く友達の意見にアクセスできるので、クラス全体での考えの共有がスムーズになりました。時間を有効に使い、他者の考えをすぐに参考にできるようになったことで、学習意欲が高まり、活発な意見交換が行われました。さらに、コメント欄を活用して質問や意見を交わすことで、自分の考えや理解をより深めるようになりました。子どもたちは他者の視点を取り入れながら、自分の予想や結果についてより深く考察する姿が見られるようになりました。

このように、考えを共有し合う学び合いの環境が整うことで、理科の学習における考察の質が向上し、科学的な探究心や意欲が自然と高まっていきました。このような学び合いの環境が整うことで、自然と学びの質が向上していきました。

理科の課題ごとにセクションを分け、子どもたちに自由に考察を投稿させた例

「溶けたものを取り出す」という課題に対し、2つの考察を投稿した子もいた。このような他者の考えに瞬時に触れられるのは便利

溶けたものを取り出す（考察）

温度は下げると出て、蒸発だと、ラップ無しだったら出たから、取り出すには、温度を下げ、そのままにする。

結果から取り出すには、温度を下げて蒸発させると出ることがわかった。

温度を下げて蒸発させて出せることが分かった

ミョウバンを取り出すには、蒸発させて取り出すか、冷やして取り出す方法がある

予想は蒸発するも冷やすも予想していたから当てられて良かった。

冷やしたり蒸発したら取り出せることがわかった。

116

2 | Padletで学びの軌跡を簡単に記録・振り返り、自然に深まる学び

日々の学習や取り組みの記録をPadlet上に積み重ねていくことで、学びの蓄積を可視化することができます。これまでワークシートやノートに書いて集めていたものも、Padletを使えば簡単に準備でき、継続していくことも容易です。

下図のように、授業前に［ウォール］フォーマットのPadletボードを作成し、子どもたちの名前ごとにセクションを作成しておけば、誰がどんな考察を行ったのかを見やすく整理できます。また、［カスタムフィールド］を設定し（レッスン08項目3参照）、「今日の学習では、どのような学びがありましたか？」のような質問を入れておくことで、子どもたちが何を書いたら良いのか明確になります。このような使い方によって、子どもたちは自身の成長や成果を実感しやすくなり、学びの過程を振り返りやすくなります。

学習の進捗や目標の達成状況、具体的な成果物、取り組みの過程をまとめて記録することで、自分がどのようなスキルを習得し、どこに課題があるのかを把握しやすくなります。また、記録を振り返ることで、自分自身の成長を再確認し、学習に対するモチベーションを高める効果も期待できます。さらに、教員にとっても、子どもたちへの声かけやアプローチの仕方を考える材料となり、授業改善へとつなげることができます。

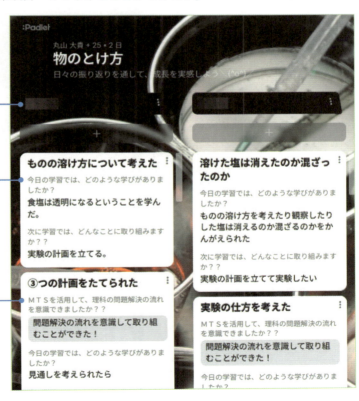

- 子どもの名前ごとにセクションを分け、授業があるたびに投稿させる。これにより、個人ごとに考察を集約でき、振り返りが容易に

- ［カスタムフィールド］を設定して、「今日の学習では、どのような学びがありましたか？」のような質問をあらかじめ指定しておくと、効果的

- 授業があるたびに、［カスタムフィールド］の内容（質問）も変えてみると効果的

実践例　高学年→4・5年　社会

Lesson 31 ［マップ］をうまく使った学習「水産業のさかんな地域」

振り返りと情報共有を効率化し、学習内容を［マップ］で可視化。授業の質を高める社会科の学習アイデアを紹介します（寄稿／冨宅剛太）。

1 ｜ Padletでの振り返りが深める社会科の学び

5年生の社会科の学習では、日本の国土の地理的環境の特色や、それと関連する産業についての学習が中心となります。しかし、その学習量の多さから、どうしても知識を詰め込むような授業が続いてしまうことがあります。そのため、授業時間ごとに振り返りの視点を持たせ、子どもたちが「今日学んだこと」「自分の経験や知識と結びつけて考えたこと」を自分の言葉で記録することが重要です。ただし、情報量が膨大なことや、振り返りに時間を割く余裕がないことで、結局、知識詰め込み型の授業になってしまうというジレンマが生じることもあります。

この問題を解決する方法として導入したのが、Padletを使った振り返り活動です。「水産業のさかんな地域」という単元の開始時に、［ウォール］形式のPadletボードを作成し、子どもたちの名前ごとにセクションを設けました。また、［エンゲージメント］の設定ではコメントをオンにし、リアクションを［星評価］に設定しました。

- 子どもの名前ごとにセクションを分け、授業があるたびに考えを投稿させる
- 教員側からの評価は［星評価］でリアクションを行う
- 父親が漁師の子は、漁の様子も投稿していた

118

毎時間、子どもたちはその日の学びを振り返り、ボードに投稿。教員は☆の数で振り返りを評価し、どうして「★★★★★」なのかを授業の冒頭にフィードバックしました。このプロセスを通じて、子どもたちの中に「社会的なものの見方や考え方」という視点が徐々に育まれていきました。

振り返りを書くことが苦手な子どもたちも、友達の投稿を参考にしながら、自分なりに書けるようになり、抵抗感が減っていきました。単元導入時と終末時では、振り返りの内容がより具体的かつ深いものへと変化している様子が見られました。このように、Padletは振り返り活動だけでなく、情報共有や相互評価の場面でも非常に頼れるツールです。

2 | [マップ] で学びを可視化。イメージを形に

単元の学びをまとめ、さらに発展させる場面では、[マップ] フォーマットのPadletボードを活用しました。日本各地や世界のさまざまな漁業について調べた内容を、Canvaで作成した動画やポスターとしてまとめ、それを世界地図上に投稿させました。これにより、地理的なイメージとともに情報を確認でき、子どもたちの学びがより深まる場面が多く見られました。

画像や動画を添付し、位置情報を付けた形で学習結果を投稿させた。投稿をクリックすると詳細が見られる

投稿に埋め込まれた位置情報が地図上にピン留めされ、そこをクリックしても投稿内容を見られる

特に小学生は、地理的な感覚がまだ十分に身についていないことが多く、「フランスってアジアですか？」といった質問が飛び出すこともあります。そのため、地域や地図との関連性を確認しながら学べる［マップ］の活用は、非常に有効だと感じました。投稿を通じて地理的な位置関係を把握しながら学習を進めることができる点は、他のツールにはない大きなメリットです。

さらに、このPadletボードを同じ地域の中学生に公開し、評価やコメントをもらう活動も行いました。「わかりやすかった」「見やすくまとめられていた」といったコメントに、子どもたちは自分たちの成果が認められたことへの喜びや満足感を感じていました。これにより、次の学びへの意欲も高まりました。

Padletの良さは、URLリンク1つで簡単に共有できる点にあります。この機能を活かして、外部との連携をスムーズに行いながら、子どもたちが他者の視点から評価を受けることで、学びの幅がさらに広がりました。振り返りや学習の発展、外部連携までも1つのボードで実現できるPadletは、教育の現場で非常に心強いツールであると感じています。

💡 Tips

二次元バーコードの共有をCanvaで行う

このときは、実践できていませんが、八丈島内には3校の小学校があるので、この［マップ］機能を活用して互いの学びを共有したり、ハザードマップ等をオンライン上で作成したりすることもできます。学びを広げるという意味でも、非常に効果的です。

右のポスターは、Padletのボードを二次元バーコードにし、Canvaを活用してまとめたものです。このように、Padletを使用した学びの足跡を手持ちの端末で確認することも容易にできます。実際、研究発表でご来校いただいた多くの先生方がこちらを読み込み、子どもたちの学びや取り組み方に感心されていました。

実践例 | 高学年→4・5年 | 音楽

Lesson 32 AI画像生成機能を音楽鑑賞に活用する

鑑賞活動や合奏練習でPadletとAIを活用し、子どもたちの感性と自主性を育む授業の工夫についての実践例を紹介します（寄稿／石井恵梨）。

1 | 音楽鑑賞の楽しみ方を広げる［描くのを助けて］

音楽科の「まきばの朝」での実践です。楽曲を聴き、イメージした風景とその場所にいるときに自分がどんな気分になるか、という曲想を感じ、言語化するという活動でした。子どもたちにとって、情景や風景をイメージして言葉に表すことは、決して簡単なことではありません。特に、思考を具体化するプロセスが苦手な子どもにとっては、時間がかかる上に相当ストレスの溜まる活動になることもあります。また、絵を描くことで具体化を試みようとしても、限られた音楽の授業時間をさらに圧迫してしまうというジレンマがありました。

そんな課題を解決してくれたのが、Padlet投稿のAI画像生成機能［描くのを助けて］を用いた活動です（レッスン07項目10参照）。

フォーマットは［ストーリーボード］で、セクションはオフに。投稿名に子どもの名前を入力させ、誰の投稿であるのかわかるようにした

リアクションは［いいね］に、コメントはオンに設定し、友達同士の相互評価をしやすいように工夫した

子どもたちには「歌詞から思い浮かべた風景」を書くように指定しました。教科書に掲載されている歌詞をもとに、キーワードを入力して画像を生成させるのです。生成された画像を確認し、自分のイメージに近づけるために試行錯誤を繰り返すように促しました。それによって自然と歌詞を深く読み込む姿が見られるようになりました。これまで歌詞をあまり意識していなかった子どもたちが、自分の思い通りの情景を表現しようと、何度もキーワードを読み込み、言葉を選び直しながら工夫している姿はとても印象的でした。

この方法を取り入れることで、子どもたちのイメージ力が大きく広がるとともに、教員としても彼らの心に浮かぶ情景や思いをより深く汲み取ることができました。

生成AIを子どもたちに使用させることは、自治体や学校のルールに基づいた運用になると思いますが、限られた時間の中で子どもたちの感性を引き出し、学びの深さを共有できる、新しいアプローチとしてオススメしたい実践です。

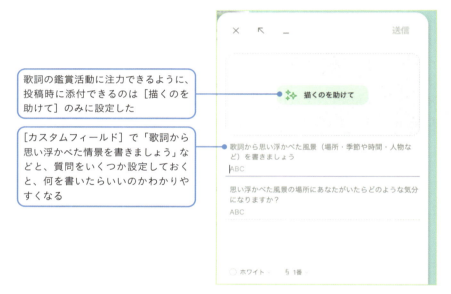

歌詞の鑑賞活動に注力できるように、投稿時に添付できるのは［描くのを助けて］のみに設定した

［カスタムフィールド］で「歌詞から思い浮かべた情景を書きましょう」などと、質問をいくつか設定しておくと、何を書いたらいいのかわかりやすくなる

同じ歌詞、同じ曲を聴いても、子どものイメージに応じて多様な画像が生成される様子が面白い

2 ｜音楽科の授業を支える Padlet の動画機能

音楽会に向けた合奏練習においては、セクション付きの［ストーリーボード］のPadletを活用して練習に取り組みました。

こうしたクラス単位の合奏活動においてPadletは本当に大きな助けとなっています。楽器ごとの演奏動画や楽譜を投稿したり、またアドバイスを投稿したり、個別に教員からコメントしたり、子どもたちからのコメントをやり取りしたりすることを同じ場所で一度に実現できるツールは他にはありません。また、他の授業支援アプリでは、楽曲の再生時間が長くなると音と映像がずれてしまうことがありましたが、Padletの動画再生機能はサイズが重い動画でもスムーズに再生できるため、子どもたちもスムーズに学習に集中できて、授業の質が格段に向上しました（アップできるデータサイズは、Padletに加入しているプランにも左右されます）。

一番の恩恵は、子どもたちが自分で練習を進められる環境を整えられるようになったことです。必要な動画や資料をPadletボード上でいつでも確認できるので、子どもたちは自主的に動画を見て練習を進められるようになり、教員は個別指導が必要な子どもにじっくりと時間をかけられるようになりました。

このように、子どもたち一人ひとりに合わせた学びの支援がより充実したものとなり、楽曲の仕上がりがより良いものになっていきました。確実に音楽科の授業の可能性が広がっています。

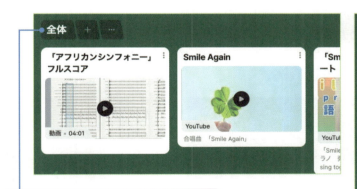

［全体］のセクションでは、合奏練習に役立つ資料を投稿するようにした

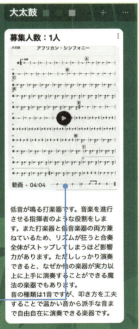

他のセクションは楽器パートごとに分けて、演奏動画と教員からのメッセージを添えた。セクションを分けることで、個別練習が効率的に進んだ

実践例 | 高学年→5・6年 | 総合的な学習の時間

Lesson 33 総合的な学習の時間でどう使う？「八丈島のおすすめスポット」

総合的な学習の時間をいかに進めるかは、先生たちの関心事でしょう。ここではPadletをフル活用した事例を紹介します（文／古矢岳史）。

1 | 手軽に異学年との共同制作が可能に

Padletを活用すれば、異学年との共同制作も簡単に実現できます。筆者が実際に取り組んだのは、5・6年生が連携した「八丈島の観光客に島の魅力を伝えるプロジェクト」です。この活動では、5年生が食をテーマに「おすすめの食べ物や飲み物」を、6年生が「おすすめスポットや施設」について調べ、［マップ］フォーマットのPadletボードにまとめました。子どもたちは、自分たちで撮影した写真とともに、魅力を伝える説明文を投稿しました。投稿ボックスの色分けを行い、赤は飲食店（5年生）、緑はスポットや施設（6年生）と設定することで、見やすく整理された観光マップが完成しました。

このプロジェクトでは、「住んでいるからこそ知っている情報」をテーマに掲げました。「旅行ガイド本やWebサイトには載っていない、何度も訪れる観光客でも楽しめるマップを作ろう！」と投げかけた結果、有名なスポットを押さえつつ、地元の人しか知らないような穴場スポットや魅力的な風景が盛り込まれた観光マップが生まれました。

さらに、投稿時に子どもたちの名前を非表示に設定し、コメントやリアクション機能をオンにすることで、フィードバックが得られる仕組みを取り入れました。完成した観光マップは二次元バーコード化し、ポスターやフライヤーにして島内の空港や飲食店、スーパーマーケットなどに置かせてもらい、発信しました。

地元民ならではの情報が満載で、島の方々にも好評だった

Padletのリンクを二次元バーコードで印刷し、観光マップとして空港に飾った例

2 | 外部に発信することで、学びをつなぎ、人の輪を広げる

この実践ではその後、子どもたちが作成したPadlet観光マップが、島内のお店や会社の方々によってTwitter（現X）で発信されたこともあり、大きな反響を呼びました。この活動は令和5年度に実施されたもので、令和6年度の現在でも、八丈島のさまざまな場所でこのPadlet観光マップのポスターを見ることができます。

さらに、この発信が思わぬ展開を生み出しました。Padlet観光マップを見た大阪の教員の方が、すべての投稿にコメントをしてくださったのです。そのコメントをきっかけに、5年生の担任がその方と連絡を取ることができ、9月の校内研究授業でオンラインゲストスピーカーとしてお招きすることができました。

子どもたちは「コメントをくれた人だ！」と感動し、自分たちの発信が誰かに届いていることを強く実感しました。そのスピーカーの方からは、この活動の良かった点や、Padletを活用した発信の魅力についてお話をいただきました。また、八丈島を訪れた経験をもとに「旅行者としてこんな情報があったら嬉しい」といった具体的なアイデアも共有してくださり、子どもたちが次の発信方法を考えるきっかけとなりました。このように、総合的な学習の時間が次のステージへと向かうことになりました。

この経験を通じて、発信することが新たなつながりを生み、それがさらなる発信につながるというプロセスを実感しました。学びの中で「発信の意義」を感じられたことは、教員にとっても子どもたちにとっても大きな収穫でした。

既存のSNSを活用した発信は、セキュリティ面から、学校単位では使用するにはハードルの高さが懸念されることが多いですが、Padletを使えば安全性を確保しながら発信が可能です。こうした総合的な学習の時間のプロジェクト学習では、Padletが最適なツールであると確信しています。

コメントを下さった先生とオンラインでつながった瞬間

授業の内容やポスターを島内の方々がXでたくさん発信してくれた

実践例　高学年→6年　国語

Lesson 34

国語のグループワークで『やまなし』を題材にした事例

『やまなし』を題材に、新しい学びの形を実践した事例です。学習の導入から作品づくり、保護者への共有までを進めました（文／古矢岳史）。

1 ｜ 6年生国語『やまなし』の世界を深める ICT 活用

6年生国語の『やまなし』は、宮沢賢治の豊かな世界観が詰まった物語文で、多くの学校でさまざまな実践が行われてきた超有名な教材です。今回の実践では、坂本良晶氏（さる先生）の事例を参考に、Padlet の［タイムライン］フォーマット、Canva、そして ChatGPT を活用し、次の流れで学習活動を展開しました。

①音読と場面の確認

物語の2つの幻灯について場面設定や物語の流れを確認し、本文を深く読み込む。

②特徴的な表現の分析

本文の特徴的な表現（色彩表現、オノマトペ、比喩表現）をグループで書き出し、作品全体から得られる印象を話し合う。

③幻灯づくり

必須条件として3つの特徴的な表現を使用し、5月と12月以外の月を設定して新たな幻灯を作成。ChatGPT で生成した幻灯の例を参考にしながら、グループごとに取り組む。

④スライド作成

作成した幻灯に合う背景やフォントを選び、Canva を使って直感的にデザイン性の高いスライドを制作。

⑤音読練習と発表会

音読練習を行い、「みんなの幻灯発表会」を実施。Padlet を使って相互フィードバックを行い、学びをさらに深める。

2 ｜ 活動を通じて広がる学びの深さと楽しさ

この取り組みでは、宮沢賢治の表現の豊かさを体感し、それに敬意を払いながら作品づくりを楽しむ子どもたちの姿が印象的でした。特に、条件を設定した幻灯づくりは、子どもたちが物語の内容をより深く理解する助けとなり、学びの中に創作の楽しさを組み込むことができました。また、Canva を使用することで、デザイン性の高いスライドを簡単に作成できるため、表現力の幅が広がりました。Padlet を中心にしながらも、学習の目的に応

じてさまざまなICTツールを横断的に活用することの重要性を再認識できました。

Padletボードの利点と保護者との共有

Padletボードの最大の利点は、学習の導入からスライド共有、フィードバック、最終的な感想投稿まで、活動のすべてが一元化されている点です。これにより、学習の過程を見直したり評価したりすることが容易になりました。

さらに、音読発表会の様子やスライドの内容を学級だよりにリンク形式で保護者に共有し、学習の成果だけでなくその過程を伝えることができました。「学習の過程をシェアする」という、これまで難しかったことが簡単にできるようになりました。

班ごとにセクションを分けて、感想や成果物を投稿させた。[タイムライン]フォーマットだと、学びの過程が時系列に並ぶ

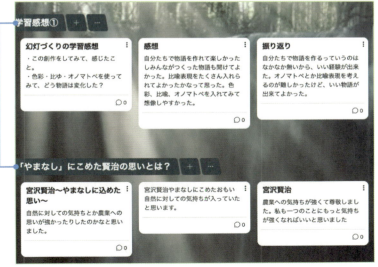

単元の過程では、「学習感想」や「『やまなし』にこめた賢治の思いとは？」といったセクションを作成し、感想や意見を投稿させていった。セクションを追加することで、単元のはじめから終わりまで、さまざまな学びをPadletに集約できる

実践例　高学年→6年　算数　自由進度学習

Lesson 35

Padlet×自由進度学習で 6年間の算数を総まとめ

自由進度学習を通じて、6年間の算数を総まとめ。Padletの活用で学び を見える化し、振り返りを深める実践を紹介します（文／古矢岳史）。

1 ｜ 6年生算数「自由進度学習」でのPadlet活用

6年生算数「算数の学習をしあげよう」の実践では、小学校6年間の算数の総まとめを学習 領域ごとに進め、習熟度を確認していきます。従来のプリント学習や習熟度別クラス編成 による単調な学びでは、算数が苦手な子どもにとって苦痛となり、小学校最後の学びがマ イナスイメージで終わる可能性がありました。

この課題を解決するため、学習を自由進度学習の形式で進め、次のような流れを取り入れ ました。

①次回までの最低限の目標を確認（終わらせてほしい課題）
②今日の授業の目標を立てる（少し無理して達成できる程度の目標）
③選んだ課題に取り組む（自分に合った方法で進める）
④目標の達成状況を振り返る（学習内容と学習方法について）
⑤教員がフィードバックコメントを送る（次回の学習に活かす）

2 ｜ Padletで学習環境を整える

この学習を始める前に、セクション付き［ストーリーボード］フォーマットのPadletボー ドを準備しました。動画教材やドリル教材、教科書、プリントのまとめ問題の回答もすべ てボード上で共有し、自律的な学習を支える環境を整備しました。

はじめは戸惑いの声や友達とのおしゃべりが見られるなど、自分で学習が進められない子 がいましたが、徐々に子どもたちは自分で学習時間を決め、時間配分を調整しながら正答 率を高める努力をするようになりました。授業の終わりには必ず取り組んだ問題の丸付け を自分で行い、その結果と理由を振り返りに記入させました。また、自分を内省している 良い振り返りの内容は次の授業で大画面に映し、スライドショー（レッスン11参照）を活 用して価値付けを行いました。その結果、多くの子たちの振り返りの質が徐々に向上し、子 どもたちは「どう振り返れば次につながるのか」を学んでいる様子でした。

学習開始前の準備として、セクション分けしたPadletを作成。「参考」のセクションには、動画教材や教科書などを、「プリント回答」には問題の回答をアップロードした。また、子どもたちの振り返りは名前を付けたセクションをこの下に作成した

特に良い振り返りは、Padletのスライドショーを使い、子どもたちに紹介した

算ド3ページ半

今日取り組むこと
算ドの35の半分から38までやる

何問中、何問正解した?
30問中29問正解(38まで)

できた理由・できなかった理由を書こう!
どうしても掛け算の最後の足すところに時間が掛かるから(3桁以上になると特に)、3つ以上の足し算が早くできるように頑張りたい

3 | 自由進度学習と振り返り

この学習の重要なポイントは、知識の習得だけでなく、自律的な学びの態度を身につけることです。筆者がこの学習で一番注意したのは「ただの自由奔放学習にしない」「やらせっぱなし学習にしない」ということです。

子どもたちが授業前後の目標の適切な設定と、その振り返りの質が向上するように毎回、コメントで評価し、子どもたちが自己の学びを確認できるようにしました。次ページの図の

子の振り返りを読むと、振り返りの量と質が徐々に向上していることがわかります。Padletの視認性の高さにより、振り返りの変化や学びの成長が1ページ内で確認できることは大きな利点でした。

資料や回答セクションの下に、子どもたちの名前ごとにセクションを設け、振り返りを行った

［ストーリーボード］フォーマットでは、各セクションに矢印の順番に、投稿が4つずつ時系列で並んでいく。その日の授業ごとに、振り返りをさせると、視認性の高い振り返りが蓄積できる

事前に［カスタムフィールド］で「今日取り組むこと」「何問中、何問正解した？」などを設定し、子どもたちが振り返りしやすいように工夫した。また、毎回教員からのコメントも返すようにした

4 ｜ 自由進度学習とPadletの相性

Padletは自由進度学習において、子どもたちにとっては学習のポータルサイトとして、教員にとっては一人ひとりの学びをわかりやすく見取り、評価するツールとして機能しました。自由進度学習をより効果的にするために、Padletは理想的なツールと言えるでしょう。

実践例 | 高学年→6年 | 社会

Lesson 36 社会科の歴史単元を深めるPadlet活用

限られた授業時間の中で、調べ学習を深めつつ協働的な活動を実現するために、Padletを活用した社会科の実践例です（文／古矢岳史）。

1 「世界に歩みだした日本（昭和時代）」での実践

小学校6年生社会科「世界に歩みだした日本（昭和時代）」の学習では、歴史を深く理解するために、ジグソー学習を取り入れました。筆者は、歴史単元では、どうしても学習内容を追うだけの授業になりがちでした。そこで、子どもたちが主体的に学び、協働的に取り組む時間を確保するため、Padletを活用しました。

[ウォール]フォーマットのPadletボードを用意し、学習内容ごとにセクションを作成。グループごとにテーマを設定し、調べ学習を実施しました。調べ学習の後、各班がスライドショーで調べた内容を発表し、クラス全体で共有しました。発表が終わると、子どもたちは各セクションに感想を投稿し合いました。[ウォール]フォーマットを選択した理由は、次ページの図のように、感想へのフィードバックを一覧で見やすくするためです。

まずはセクションごとに調べ学習のテーマを設定し、参考になる資料をアップしておいた

写真はPadletの画像検索を利用すると便利。ただし、説明文は教員が書く方がよい

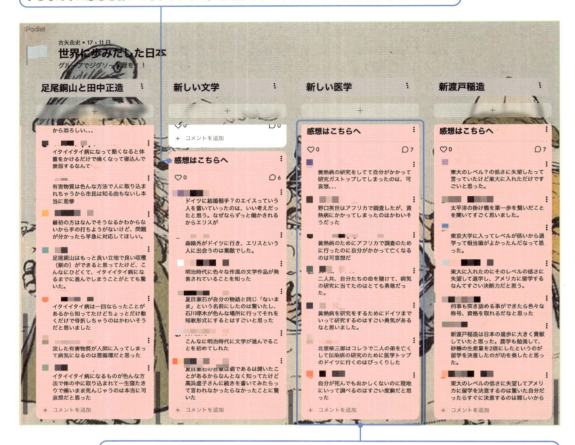

調べ学習と発表が終わったら、各セクションに「感想はこちらへ」という投稿を教員が行い、子どもたちに感想を書かせるようにした。色を赤などにして目立たせると資料と区別しやすい

各セクションの「感想はこちらへ」に、子どもたちがどんどん感想をコメントとして書き込む様子。発表に対する感想が一覧で見られる上、評価も簡単に進めることができる

　本来であれば、Canvaなどを活用してプレゼンテーションや動画、新聞記事などのアウトプットを作成させたいと考えたのですが、授業時間が厳しかったため、Padletを用いて調べた資料と簡潔なテキストでまとめる形にしました。
　こうした方法は、授業時間を割けない状況であっても、調べ学習を深めたり、協働的な学びを実現するのに効果的だと感じました。

2 ｜「明治の国づくりを進めた人々」での実践

　小学校6年生社会科「明治の国づくりを進めた人々」では、子どもの名前ごとにセクションを分けた［ストーリーボード］フォーマットのPadletボードを活用しました。この活動で

132

は、日本が開国するまでの歴史的な流れについて個人で調べ学習を進め、それぞれのトピックに関連する資料とテキストをPadletに投稿させました。

学習の最後には、重要なキーワードである「伊藤博文」「ドイツ」「大日本帝国憲法」「国会」を使い、国会開設までの歴史的な流れをトーク形式で説明する動画を作成して投稿させました。このとき、動画の作成にはFlipを使用しました。現在は使用できないため、Padletの動画レコーダーを活用することになるかと思います。テキストなどは挿入できませんが、Padlet内で完結することで、活動はスムーズになると思います。

個人の調べ学習をPadletにまとめることの良さは、一人ひとりの学びの進捗や調べた内容が一覧で確認できることです。さらに、記述欄の大きさが固定されていないため、子どもたちは文章量を気にせず考えを自由に書き込むことができました。これにより、文章表現が苦手な子どもたちも、自分に合った形でアウトプットを進めることができました。

教員にとってPadletボードを1枚作成するだけで、活動をすぐに開始でき、学びのプロセスが視覚的に整理されます。Padletは、児童の理解や取り組みの様子を把握しやすいツールとして、歴史単元の学びを支える心強い存在です。

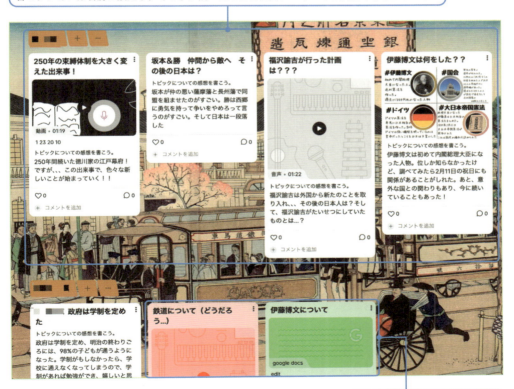

各セクションは名前に設定し、その子が調べたことを自由にいくつでも投稿できるようにした

テキストだけでなく、動画やGoogleドキュメントを添付して考えをまとめる子どももいた

実践例 高学年→6年 理科

Lesson 37

Google Earth × Padlet で「地層探し」がより豊かに

子どもたちの興味を引き出す Google Earth、発見を共有する Padlet。これらを併用した地層学習で、子どもたちに新たな視点を！（文／古矢岳史）

1 | マップボードを使った「地層ツアー」から、問題づくり

小学校6年生理科「土地のつくりと変化」の学習における導入から問題づくりの場面において、[マップ] フォーマットの Padlet ボードを活用した事例です。まずは以下の流れで、子どもたちにワークをさせました。

①調べる日本各地の担当を決める。
②Google Earth で担当地方の地層を探し、「映え写真」（スクリーンショット）を撮影する。
③撮影した画像とその地層の印象を、Padlet ボード上の該当地点に投稿する。

[マップ] フォーマットの Padlet ボードは Google Maps と連動しており（レッスン06参照）、調べた地層名を投稿欄に記入するだけで正しい場所にピンが打たれるため、活動はスムーズに進みました。
次ページの図のように、マップ上に美しい地層のスクリーンショットが並ぶ「地層マップ」が完成し、子どもたちはお互いの投稿を見合いました。授業時間の半分が終わるころには、休み時間中も「うわ、この地層きれい！」「こんな地層見たことない！なんで斜めになっているのだろう!?」と、子どもたちがそれぞれ Google Earth で見つけた地層を熱心にシェアし合っていました。

2 | 興味を促し、学習を「自分事」にできたことが大きな成果

この単元は、土地のつくりや地層に対して関心が高い子が少なく、地層を実際に見る機会も限られているため、どうしても動画や教科書の資料を中心に進めることが多くなりがちです。しかし、この活動を取り入れたことで、子どもたちが地層に興味を持ち、活発に意見交換を始めるきっかけとなりました。
その後、地層マップ全体を見渡し、「似ている地層のピンの色を変えてみて！」と投げかけたところ、ピンクと緑の2色に分けられました。「緑は山脈のところじゃないか。」「ピンクは海岸沿い？」など、学習問題に迫る発言が次々と飛び出し、最終的に「地層のでき方には違いがあるのだろうか。原因を突き止めよう」という次の学習につながる学習問題を、み

んなで作り上げることができました。

Google Earthで見つけた地層のスクリーンショットを付けた上で、[マップ]フォーマットでその地層を検索して投稿すると、地図上にピンが打たれる。ピンの色は類似の地層に応じて分けさせた

ピンをクリックすると詳細が表示される。画像をクリックすると、さらに大きく表示される（以下の画像は別の地層だが、あくまでイメージとして）

土地のつくりの学習は、子どもたちが実感を持って進めることが難しい単元です。自分事にして、学習問題づくりを行えたのは、筆者自身も初めての経験でした。
この実践を通じ、ICTツールの掛け合わせの可能性の大きさを改めて感じました。それぞれのツールが持つ特性を活かし、子どもたちの興味を引き出しながら学びの本質に迫る授業が展開できました。地層学習のように興味を持ちにくい内容でも、これらのツールを活用することで、子どもたちに新しい視点や発見を楽しむ姿勢を持たせることができました。

実践例 高学年→6年 外国語

Lesson 38 外国語のパフォーマンス課題も Padletの［マップ］が便利

限られた授業時間を有効活用するため、Padletを使ってスライド作成を効率化し、パフォーマンス課題に取り組んだ実践例です（文／古矢岳史）。

1 ｜「What country do you want to visit?」実践事例

小学校6年生の外国語活動「What country do you want to visit?」のパフォーマンス課題で、［マップ］フォーマットのPadletボードを活用した実践例です。授業の基本的な流れは、自分が行きたい国について英文でスライドを作成し、クラス全体で発表、フィードバックを共有するというものです。限られた外国語の授業数の中で、効率的に学習を進める工夫として、Padletを活用しました。

スライド作成の効率化と学習時間の確保

これまでCanvaやGoogleスライドを使った活動では、スライドのデザインに時間をかける子どもが多く、英語表現の工夫や発表練習の時間が十分に確保できませんでした。一方、Padletでは以下のように簡潔な操作でスライド作成が可能でした。

①投稿ボックスのタイトルに国名を入力。
②添付ファイルに関連する画像を追加。
③本文に発表内容（英文）を記述。

これにより、スライド作成時間を大幅に短縮し、ALTの先生と発表練習を行ったり、英文の内容を工夫する時間を確保できました。

投稿フィールドを設定して、タイトルに「Country（国旗を絵文字で入れよう）、本文に「アピールポイントと感想」と入れておくことで、英文を入力しやすいように工夫した

英文で書かれた子どもたちの投稿。行きたい国がマップ表示されるため、地理の理解にもつながる

2 │ 発表とフィードバックの流れ

①**発表**：投稿スライドをスライドショー（レッスン11参照）で教室の大ビジョンに映し、発表を1分弱で行う。

②**評価とコメント**：聞き手が「BEST（Big Voice, Eye Contact, Smile, Try & Challenge）」の視点で星評価し、Padletのコメント機能を活用して感想を伝える。

45分間の授業でクラス全員の発表を効率よく進めることができました。また、マップ上で発表者のスライドをすぐに見つけられるよう、右上の検索ボックス機能を活用しました。この機能は子どもが発見し、クラスの皆に伝えてくれました（筆者はこういう瞬間が好きです）。

画面右上の検索ボックスに名前を入力すると、その子の投稿のみを表示できる

> マップ上の投稿をクリックすると大きく表示されるので、発表するのにちょうど良い。発表後は、右の欄にコメントやリアクションを集めよう

3 | 「My Favorite Sports Player」の活動例

別の単元「My Favorite Sports Player」では、長い英文を考えることを目的に、Canvaを活用してデザインやレイアウトも工夫したポスターを作成しました。選手のプレー動画のYouTubeリンクを添付したポスターをPDF形式でダウンロード後にPadletに投稿し、発表後にリンクを押して全員で動画を楽しみました。このように活動に応じて授業をデザインしていくことが大切かと思います。

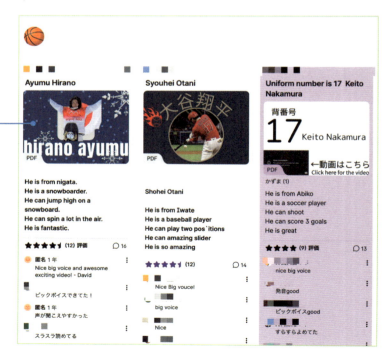

> Canvaで作成したYouTubeリンク付きのポスターを添えて、英語で好きなスポーツ選手について投稿させた例。リアクションのコメントも英語になっているのも面白い

4 | 学習の効率化と子どもたちへの効果

Padletによるスライド作成は、投稿と簡単なテキスト入力で完結できるため、クラスにすっかり定着しました。夏休みの思い出を英語で簡単に投稿し合うPadletボードを活用した発表会では、短時間で全員の発表を実現。その後の休み時間に、子どもたち同士で夏休みの話を詳しくシェアするなど、コミュニケーションが自然に生まれました。

Padletの活用によって、外国語活動におけるスライド作成や発表が効率化され、限られた授業時間を最大限に活用できるようになりました。必要以上に時間を割けない外国語活動のパフォーマンス課題ではこのPadletを活用した活動以外は考えられなくなりました。

[ストーリーボード] のPadletボードに夏休みの思い出を写真と英文で投稿させた例。投稿のタイトルと本文がきちんと英語で書かれている。このような感想を限られた時間の中で一挙に集められるため、子どもたちはすぐに、その話をネタに活発なコミュニケーションをはじめられる

実践例 高学年→6年 家庭科

Lesson 39 家庭での実践報告に Padlet Sandbox を活用

家庭科で学んだことを、家庭で実践することが大事ですが、ここではその実践を Padlet で行った事例を紹介します（文／古矢岳史）。

1 | Padlet Sandbox で意見出し

下図は小学校6年生の家庭科「夏をすずしく さわやかに」の学習で活用した Sandbox（レッスン14参照）ボードの様子です。夏の衣服に関するイラストを教科書から取り込み、それをもとに子どもたちが気づいたことや衣服の工夫について意見を書き込んでもらいました。

Google Jamboard が利用終了した現在、Padlet の Sandbox はクラス全体の意見を集めるホワイトボードアプリとして非常に有効です。Google Jamboard や他の描画アプリと似た UI（ユーザー・インターフェース）を持つため、操作の説明はほとんど不要で、6年生の子どもたちはすぐに使いこなせました。

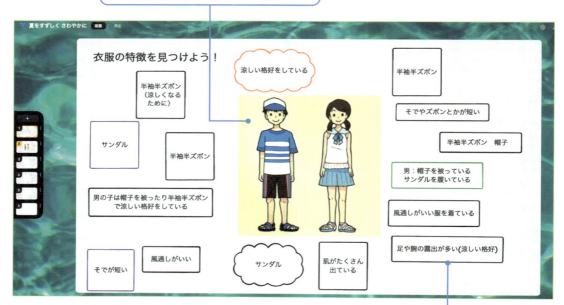

Sandbox のスライド中央に画像を載せ、それを参照しながら意見を書いてもらうことにした

クラス全員の意見を一枚のスライド上に集められるのは Sandbox ならではのメリット

2 | 実習をPadletで記録・共有

意見出しの後、子どもたちは衣服の大切さや手入れについて学び、部分洗いする衣服を選んで手洗い洗濯の計画を立て、実施しました。この活動では、セクション付きの［ストーリーボード］フォーマットのPadletボードを活用し、以下の流れで進めました。

①目標を投稿。
②洗濯中の様子をPadletの動画レコーダーで撮影し、共有。
③活動の感想を投稿。

子どもたちは汚れを落とすために洗い方や器具の使い方を工夫しながら取り組みました。実況しながら動画を撮影する子もいて、普段は恥ずかしがり屋な子どもたちも生き生きと活動していました。

部分洗いの家庭での実践を動画にしてPadletに感想とともに投稿させた例。それぞれの創意工夫が動画と文章からよく伝わるものとなった

3 | 家庭での実践をPadletでシェア

家庭科の学習指導要領には、「学習内容を実生活で生かす活動を充実させること」が求められています。筆者は家庭での実践を促進し、学びを豊かにするためにPadletボードを活用しています。

家庭科のワークシートには必ず、単元の終わりに「家庭で生かそう」というような項目欄があり、そこで家で試したことを記入させるようになっています。しかし、それに取り組むだけで、記入しない子も多く、教員としてもそのままにしがちなことも多かったのです。そこで、筆者は必ず、単元の終わりにPadletボードを作成し、そこに家庭での実践を投稿してもらうようにしました。

下図は1学期の家庭科学習の振り返りとして「朝食づくり」や「洗濯・衣類の手入れ」の様子を夏休み中に投稿させた際のPadletボードです。保護者からのメッセージも一緒に投稿するよう依頼し、担任が必ずコメントを付けることで、クラス全体に自然とリアクションが広がりました。

保護者も積極的にコメントを寄せることで、家庭での活動がより充実し、子どもたちにとっても楽しい学びの場となりました。写真、テキスト、コメントが整理された形で表示されるPadletボードは、こうした多様な情報をシェアする場として最適です。

家庭科で学習したことを、夏休みの間に家庭で実践してもらい、Padletに画像付きで投稿させた例。ここでは保護者にもコメントを入力してもらうように依頼していた

実践例 | 高学年→6年 | 算数 | 発展的な学習内容

Lesson 40 発展的な学習内容における数学的活動のPadlet実践

Padletの［ウォール］フォーマットのボードとSandboxを使い、子どもたちが主体的に学ぶ環境を構築した実践例を紹介します（文／古矢岳史）。

1 | 数学的活動はPadletボードに集約

小学校6年生の算数、「対称な図形」と「およその面積と体積」における発展的な学習内容の実践です。小学校の算数では、「児童が数量や図形に対する理解を深め、算数を実生活に活用する力を身につけること」を目的とした数学的活動が重視されています。

右上図は、身近な線対称や点対称のものを探す活動で活用した［ウォール］フォーマットのPadletボードです。子どもたちは、「意外なものがあった！」「こんなところにも見つけた！」と声を上げながら、身の回りの対称な図形を発見し、投稿しました。投稿された内容には、普段何気なく見過ごしていたものやユニークな発見が多く含まれ、学びが広がる瞬間がたくさん見られました。こうした発見を通じて、子どもたちは対称性の概念をより深く理解するとともに、算数を身近なものとして捉える感覚を身につけていました。

また、右下図は身の回りにあるものの長さを測り、およその体積や容積を求める活動に取り組んだ際のPadletボードです。子どもたちは、身の回りのものの画像に寸法を記入し、どのように求めたのかをわかりやすく投稿していました。この活動では、学校内外で目にする物のサイズを実際に測り、その結果を活用するプロセスを通じて、算数の知識を日常生活に活用する力が育まれていました。

Padletは、算数のような教科においても、子どもたちが主体的に取り組む学びを促進するツールとして非常に有効です。Padletの導入期において、このような身近な題材を撮影する学習活動から始めることで、子どもたちがPadletの使い方に自然と慣れることができるかと思います。

2 | グループ活動を効率化する「Padlet Sandbox」の活用法

下図は、小学校6年生算数「比例の利用」の学習で実施した数学的活動の様子を記録したPadletのSandboxボードです。この活動では、「300枚の画用紙を、数を数えずに用意する」という課題にペアグループで取り組みました。

Padlet Sandboxを使った準備と活動の流れ

事前準備として、教科書の問題を貼り付けたSandboxボードをグループ分、複製しました。各グループは、自分たちのスライドに活動中に考えた内容を図や写真、式などを用いて記録しました。この方法により、すべての活動がリアルタイムで共有され、教員も子どもも進捗をすぐに把握できました。

Sandboxに教科書の問題を貼り付け、ボードを班やグループ分複製して用意しておく。子どもたちの学習結果は次ページの図の通り

Padlet Sandboxのメリット

①他人の投稿やスライドの削除を防止

同じような活動をCanvaやGoogleスライドで同じように行う際、誤って他人や自分の投稿を削除してしまうことが頻発していました。これにより、時間のロスが生じることがよくあります。Sandboxでは、管理者（教員）以外は他人の投稿やスライドを削除できないため、このようなトラブルを完全に防止できます。安心して学習活動に取り組める環境は、大きなアドバンテージがあります。

②**多機能すぎないシンプルさで学習内容に集中できる**

　Sandboxはホワイトボードツールとして、フォントやデザインの細かい設定がありません。このシンプルさが、子どもたちが学習内容に集中しやすい環境を作り出します。デザイン性の高いツールとは異なり、純粋に学びに注力できるのが特徴です。

子どもたちの自主的な操作と学びの成果

下図のように、6年生の子どもたちは細かい操作方法を教えなくても、Sandbox上に自然と画像を挿入したり、表を作成するなどして自分の考えを表現していました。Google Jamboardと似たUIのため、馴染みやすさも大きなポイントです。また、多人数が同時に同じファイルを操作する場合、通信環境の安定性が極めて重要です。Sandboxは、シンプルな設計が通信トラブルを最小限に抑え、多人数での同時作業に適しています。そのため、スムーズな学習進行を実現しました。
こうしたグループ活動を支えるツールとして、Sandboxは理想的な選択だと筆者は感じています。

子どもたちが書き込んだ式、画像、コメント。問題をどう解くかの思考プロセスが感じられる

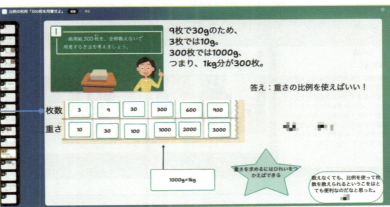

表を使って、考えを整理した子どももいた。共同で考えを深めていく作業にSandboxは理想的な選択肢になり得る

実践例 | 高学年→5・6年 | 体育 | 家庭科 | プロジェクト学習

Lesson 41 プロジェクト学習にPadletをいかに使うか

ここでは体育と家庭科のプロジェクト学習において、どのようにPadletを活用したのかを紹介します（寄稿／冨宅剛太）。

1 | タイムラインでお互いの取り組みを確認！

運動会の表現練習に向けた授業と家庭学習をつなぐために、Padletを活用した実践例です。［タイムライン］フォーマットのPadletボードを用意し、子どもの名前ごとにセクションを作成。子どもたちには、体育の時間に学んだ技を練習し、写真とともに振り返りを投稿させるようにしました。［タイムライン］フォーマットは、練習を重ねる中で技の完成度がどのように高まっていくかを時系列で可視化できるため、子どもだけでなく教員も進捗状況を一目で把握しやすくなります。

子どもたちの名前ごとにセクションを作り、振り返りを投稿させた

投稿は写真付なので、友達が家でどのような練習をしたのか、どのような感想を持ったのかをわかりやすく把握することができる

課題として取り組んだ技を写真に撮って投稿するだけで、友達の良いところを参考にしたり、自分の改善点に気づいたりすることができます。通常、体育の授業中に写真を撮影し、それを見て指導に活用するのは難しいですが、Padletを利用することで家庭学習として課題に取り組むことも可能になります。また、投稿された内容に対して教員がフィードバックしたり、友達からリアクションをもらうことで、子どもたちの意欲が高まります。

Padletには動画やPDFといった資料も投稿できるため、練習の様子を撮影した動画や技のタイミング、隊形の場所をまとめた資料などを［タイムライン］フォーマットの一番上にまとめておくと便利です（下図）。これらの資料を参照することでも、子どもたちの自主性は引き出され、「ダンスの動画を見て練習した」「歌を聴きながら技を完成させるタイミングを覚えた」といった成果が多く見られました。

Padletの契約形態によっては長時間の動画もアップロード可能なので、体育だけでなく、理科の実験の記録や音楽の合唱練習にも活用できるなど、幅広い用途に対応します。

［タイムライン］フォーマットの一番上のセクションに、お手本となる動画や振り付けを解説したPDFなどを資料として投稿しておくと、子どもたちが自発的に参考にしてくれた

2 ｜ Padletがあれば、プロジェクトの流れも見やすい！

次は家庭科「まかせてね、今日の食事」で行ったプロジェクト学習における［タイムライン］フォーマットのPadletボードを紹介します（次ページの図）。このプロジェクトでは、リクエスト給食の献立を考え、プレゼンバトルを行い、選ばれた献立が実際に提供されるという流れで進めました。

学習の流れは以下の通りです。

①**三大栄養素の確認**：栄養士さんをゲストティーチャーに招き、給食の献立を立てる上で重要なポイントについてお話を伺う。

②**献立計画**：栄養バランス、旬の食材、食材の値段、調理時間、地産地消など、さまざまな観点から献立を計画する。

③**調理実習**：計画した献立を実際に調理し、試食した感想をPadletで収集する。

④**プレゼン動画の作成**：考えた献立について、Canvaでプレゼン動画を作成する。

⑤**中間報告と修正**：栄養士さんや周囲の教員に中間報告のプレゼンを見せ、もらったアドバイスをPadletでフィードバックし、動画を修正する。

⑥**共有と投票**：完成したプレゼン動画を全校の子どもたち、保護者、他校の子どもたち、給食関係者に共有し、投票を行う。

［タイムライン］フォーマットの一番上のセクションに「投稿の例」を設け、教員のほうでお手本となる献立の紹介方法、提出物、予定表、プレゼン動画を投稿するCanvaへのリンクなど、子どもたちが参照するための資料を投稿しておく

2番目のセクション以降は、班ごとにセクションを分けて、上記の手順に従って投稿をさせた。それに対して「アドバイス」という投稿を教師が追加し、栄養士などからもらったフィードバックを行っている

プレゼン動画はCanvaで作成し、発表を行うため、そのためのリンクも投稿しておく。また、どのような動画を作成したらいいのかわかるように「プレゼンの例」もPadlet上に投稿しておいた

教員からのフィードバックだけでなく、友達からのリアクションとして、ここでは［星評価］を利用した

教員以外の方からのアドバイスも［タイムライン］に投稿して、参考にしてもらった

中にはオリジナルの「新メニュー」を複数投稿する班もあった

このようなプロジェクト学習は、子どもたちが主体的に考え、行動できる場を提供することで大きな盛り上がりを見せます。その中で重要なのは、学びの記録と振り返りです。学習の中で感じたことや考えたことを記録し、自分の学びを振り返ることで、さらなる探究や新たな課題の発見につながります。

［タイムライン］フォーマットのPadletを活用することで、プロジェクトの進捗が時系列に沿ってアーカイブされ、学びが一目でわかるようになります。子どもたちは前回の活動をすぐに振り返り、その日の作業に集中することができました。また、他の班の振り返りも同時に参照できるため、振り返りを書くのが苦手な子どもたちもどのような視点で書けばよいのかを理解しやすく、合理的な配慮が自然と実現できました。

プロジェクト学習を立ち上げる際には、Padletボードを活用して資料を共有し、活動の歩みを記録していく。Padletを使っている方にとって、この方法はこれからのスタンダードになるのではないでしょうか。

Lesson 42 子どもたちの強みを活かす特別支援教育でのPadlet活用

実践例　全学年共通　特別支援

子どもたちの長所・強みに着目する視点からICTを活用し、アウトプットをわかりやすく共有するPadletの活用について紹介します（文／海老沢 穣）。

1 ｜ 特別支援教育におけるICT活用の視点

特別支援教育におけるICT活用については、文部科学省から2つの視点が示されています（下図）。視点1は「教科指導の効果を高めたり、情報活用能力の育成を図ったりするために、ICTを活用する視点」、視点2は「障害による学習上又は生活上の困難さを改善・克服するために、ICTを活用する視点」です。

1．特別支援教育におけるICT活用の視点

視点1
教科指導の効果を高めたり、情報活用能力の育成を図ったりするために、ICTを活用する視点

- 教科等又は教科等横断的な視点に立った資質・能力であり、**障害の有無や学校種を超えた共通の視点**。
- 各教科等の授業において、**他の児童生徒と同様に実施**。

視点2
障害による学習上又は生活上の困難さを改善・克服するために、ICTを活用する視点

- **自立活動**の視点であり、特別な支援が必要な児童生徒に特化した視点。

　→　各教科及び自立活動の授業において、**個々の実態等に応じて実施**。

✓ 新特別支援学校学習指導要領では

> 各教科の指導計画の作成に当たっての配慮事項として、**各障害種ごとにコンピュータ等のICTの活用に関する規定**を示し、指導方法の工夫を行うことや、指導の効果を高めることを求めている。

出典：文部科学省、2020「特別支援教育におけるICTの活用について」

視点1については、ICTによって課題や問いを視覚的にわかりやすく提示することが可能になり、それをもとに子どもたちがアイデアや表現をアウトプットする学習にもICTを活用

できます。自分事にできるような身近な題材を取り上げ、「○○についてどう思う？」「どう感じる？」「どうしたらいいと思う？」と視覚支援をしながら問いかけ、子どもたちが自分のアイデアや表現をアウトプットしていくような授業がデザインできれば、そのアウトプットを共有する際にPadletの良さが生きてきます。

視点2については、読み書きが困難だったり、鉛筆やタブレット等の操作が難しかったりする場合、アクセシビリティ機能や外部スイッチ等を活用することで、情報の入力・出力を補助代替するツールとしてICTが活用できます。

文字を読むことに困難がある場合は、テキストの読み上げ機能を活用すれば音声で読み上げることができますし、音声で発言するよりもテキストを入力するほうが意見を発信できる子もいます。キーボードでの入力が難しければ、音声入力の活用ができますし、文字の理解そのものが難しくても画像や絵文字などで表現することが可能です。キーボード入力やタップの操作が難しければ、外部スイッチを接続してスイッチを押すことで入力したり、あるいは視線で入力して意思を伝えることもできるようになっています。

ICTを活用することにより、入出力にいろいろな選択肢が生まれ、それぞれの特性や困難さに応じた個別最適なアプローチが可能になります。その選択肢を子どもたち自身が選択・決定できるようになることがとても大切です。

2 | 長所・強みに着目する視点の大切さ

2023年6月に閣議決定された国の教育基本振興計画では、「支援を必要とする子供の長所・強みに着目する視点を重視」することが示されています。その中に「共生社会の実現に向けた教育の考え方」として、「支援を必要とする子供やマイノリティの子供の他の子供との差異を『弱み』として捉え、そこに着目して支えるという視点だけではなく、そうした子供たちが持っている『長所・強み』に着目し、可能性を引き出して発揮させていく視点（エンパワメント）を取り入れることも大切である」ことが示されています。

できないことをできるようにするアプローチだけでなく、子どもたちが持っている「長所・強み」に着目し、可能性を引き出して発揮させていくアプローチを大切にしましょう、という提言です。そのためには、子どもたち自身が選択・決定する、アイデアや表現をアウトプットする機会を設ける授業の工夫が必要になります。

3 | Padletで子どもたちのアウトプットを共有する

ある特別支援学校では、コマ撮りアニメーションやライトアートの作品を共有するのにPadletを活用しています。Padletを活用することで、それぞれのアウトプットを可視化して共有することが簡単にできるようになります。音声言語だけではなく、視覚的にわかり

やすく理解することができます。

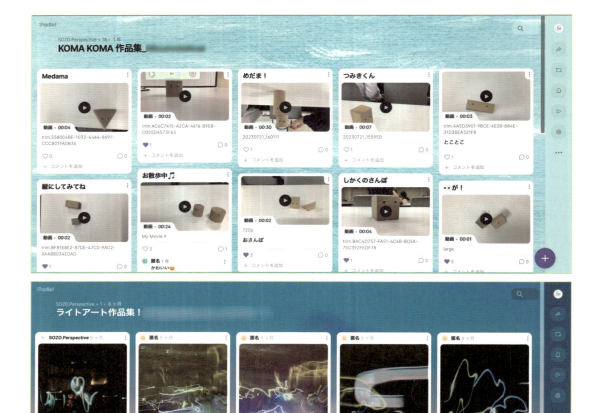

コマ撮りアニメーション（上）とライトアート作品（下）をPadletで共有した例。コマ撮りアニメについては本書のレッスン19も参照。上記の例では、動画で作品を紹介している

「長所・強み」を考える上では、上記のように子どもたちの持つ「非言語の世界の豊かさ」に着目することも、大切なアプローチの1つとなります。ICTはこうしたアウトプットの選択肢をこれまでよりも広げることができます。Padletはそうしたアウトプットを視覚的にわかりやすく共有することができ、[いいね] を付けたり、コメントを追加したりできることも活用しやすいメリットの1つです。

実践例 高等部 特別支援

Lesson 43 専門教科の8コースから キャラクター画像を生成

Padletの画像生成機能を利用し、特別支援学校高等部で専門教科ごとのキャラクター作りに取り組んだ実践事例を紹介します（文／海老沢 穣）。

1 | キーワード（プロンプト）を考えよう

特別支援学校高等部で、Padletの画像生成機能（描くのを助けて）を活用した授業に取り組みました。

専門教科の8コース（フードデザイン、グリーンサービス、ウッドクラフト、メタルデザイン、ソーイング、クリーニング、オフィス＆カフェ、ビルメンテナンス）それぞれについて、「イメージキャラクターを画像生成で作ってみよう！」という授業です。

まず、入力するプロンプトを明確にするために、「誰に何を伝えたい？」という問いを立て、NHK for School「アクティブ10　プロのプロセス」にある「ポスターの作り方」を視聴しました。コンセプトイメージを考えることを明確にしてから、「専門教科のポイントとなるキーワードは？」「どんなイメージキャラクターだとわかりやすいか？」を考えて、一人ひとりメモを書いたり、グループで相談したりしてアイデアを練り、入力するプロンプトを決めていきました。

2 |［描くのを助けて］で画像生成にチャレンジ

キーワードが決まったらPadletで画像生成へ。［ストーリーボード］でボードを作成し、ボードの設定から［投稿フィールド］→［添付ファイル］を開き、あらかじめ［描くのを助けて］のみを表示させるように設定しました。

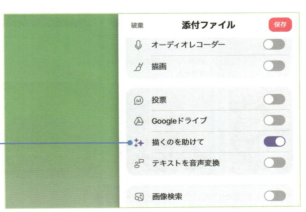

投稿できるファイルを画像生成機能に限定するため、設定では［描くのを助けて］のみをオンにしておく

子どもたちへの操作説明の中で、「キーワード（プロンプト）を入力すること」「うまくイメージに合った画像が生成されたら、タイトルにキャラクター名を入力すること」「入力したプロンプトを紹介すること」を伝えました。

各コースの特徴に合ったキャラクターをどうすれば生成できるか、何度もプロンプトを入れ替えて工夫をしてみると、だんだんといいキャラクターが生成できるようになり、Padletで共有すると歓声が上がりました。それぞれのコースのイメージが表現されたキャラクターがどんどんアップされ、［いいね］を付けたり、コメントを入れたりしながら、全員で共有することができました。

投稿画面で、イメージしたプロンプトを入力する

タイトルにキャラクター名を、キャプション欄に入力したプロンプトを入力させた

実際に授業で子どもたちが作成したキャラクターの一覧

Tips

プロンプトを英語で入力したい場合は？

プロンプトが日本語だと、自分のイメージに合った画像が生成されない場合が多くあります。その場合は、端末の翻訳機能を利用するのが便利です。今回の事例では、iPadを使っていたのでプロンプトを選択して［翻訳］→［翻訳で置き換え］（日本語→英語）を行い、それをコピー＆ペーストして、もう一度生成にチャレンジしてみることもスライドを併用しながら説明しました。

1. プロンプトを選択して［翻訳］をタップ
2. ［翻訳で置き換え］をタップして、表示された英語をコピー＆ペーストする

3 | 最後にAI使用時の注意点に振れ、感想を集める

最後に「AIを使うときに注意すること」について考える時間を持ちました。「特定の名前や作品名を入力しないこと」「AIが生成していることはすべて正しくないかもしれないこと」について、具体例を挙げながらスライドで紹介し、まとめとして、今回の授業を通して感じたこと、考えたことをPadletに投稿してもらいました。

子どもたちは、「これからはAIの時代になるからこそ、正しく判断をしてうまく使えるように日頃から練習をしていきます！」「AIの機能性や、使用の仕方が1つずつ大体理解できました。AIで、すごいこと学べて良かったです」「AIに任せきりにしないで、自分で考えて情報を判断するのが大事だと思いました」「自分が思う画像を出すのが難しかったけど英語にしたりして工夫して考えて出すのがおもしろかったです。AIのクオリティが凄いなと思いました。これから便利な機能が増えていくけど、嘘の情報などにも気をつけて正しい方法で使っていきたいです」などと感想を寄せていました。体験を通して画像生成やAIについて学びが深められたことがよくわかった授業でした。

実践例 全学年共通 特別支援

Lesson 44

Padletを活用した
交流及び共同学習のススメ

オンラインでの交流やプロジェクトベースでの共同学習などに取り組む
際にPadletを活用するアイデアについて紹介します（文／海老沢 穣）。

1 | Padletでオンラインの交流や共同学習へ

文部科学省「今後の教育課程、学習指導及び学習評価等の在り方に関する有識者検討会」
の論点整理（令和6年9月18日）では、これからの社会像として「一人一人が可能性を開花
させなければ国が立ち行かない状況」であること、「多様な子供たちを学校教育の中で包摂
し、特定分野に突き抜けた興味や関心を示したり特異な才能を有する子供等も含め、一人
一人の強みを伸ばしつつ、より良く資質・能力を育んでいくことにより、豊かで幸福な人
生を送ることができるようにすることが重要」であることが示されています。

そのためにも、通常校と特別支援学級、特別支援学校の子どもたちがお互いを知り合った
り、交流を深めたりする機会はとても大切になると考えられます。文部科学省の「交流及
び共同学習ガイド」（平成31年3月）では、「学習指導要領等の主な関係記述抜粋」として、
「障害のある幼児児童生徒との交流及び共同学習の機会を設け、共に尊重し合いながら協働
して生活していく態度を育むようにすること」が掲げられています。

では、具体的にどのような交流及び共同学習が考えられるでしょうか。交流すること自体
が目的になってしまうことなく、「共に尊重し合いながら協働して生活していく態度を育
む」取り組みを工夫することはできるでしょうか。

対面でリアルな交流や共同学習を進めることはもちろん大切ですが、ICTを活用してオン
ラインで継続的に取り組みを進めていくこともできるのではと思います。そのときに共通
のテーマをもとにアウトプットしたり、お互いの感じたことや考えたことをやり取りした
りする際の可視化・共有化のツールとして、Padletはとても可能性を秘めています。

リアクションを設定して［いいね］やコメントを追加することで、お互いのやり取りが生
まれたり、アイデアを発展させたりすることも可能です。文字を書いたり音声でやり取り
することが難しくても、端末にテキスト入力することでコミュニケーションが可能になる
場合もあります。

2 | お互いのアウトプットの共有やエンゲージメント

では、具体的にPadletをどのように使うと効果的なのでしょうか。大きく3つの観点から
要点を列挙してみましょう。

①写真の共有

お互いの学校のオススメのポイントを写真に撮り、共有のボードに投稿して、[いいね]やコメントを付け合うというのも良いかもしれません。

②気になったニュース記事の紹介

リンク機能を活用して、朝の学習の時間などにそれぞれが気になるニュース記事を調べてリンクを投稿し、テーマを共有し合うというのも継続して取り組みのしやすい交流になると思います。

③共同で地域のマップ作り

同じ地域の学校であれば、[マップ]フォーマットを活用し、それぞれのオススメのスポットを投稿し合い、地図を作成するという共同学習も可能です。

3 | プロジェクトに共同で取り組む

SDGs（持続可能な開発目標）をテーマに取り組みを進める際にもPadletが活用できます。例えば、株式会社ファーストリテイリングがUNHCR（国連難民高等弁務官事務所）と共同で取り組んでいる、「"届けよう服のチカラ"プロジェクト」という学習プログラムがあります。子どもたちが主体となって、子ども服の回収を行い、それを難民などの服を必要としている人々に届けるプログラムです。これに、地域の通常校と特別支援学級、特別支援学校が共同で参加し、一緒にプログラムに取り組むこともできると思います。

プログラムでは、まず子ども服の回収を呼びかけるポスターやチラシ等や回収ボックスを制作する活動が必要になります。そのアイデアをPadletで共有しながら進めていくのはいかがでしょうか。例えば、下図はプレゼンテーションアプリ・Keynoteでポスターを制作し、それをセクション付きの[ストーリーボード]のPadletに投稿した例です。手書きのポスターの制作は難しくても、ICTがあれば、図形を配置したり、色を自分なりに工夫したりすることで、さまざまなアイデアのポスターを制作することは可能です。

プロジェクトベースで一緒に取り組んでいくことで、共有や協働の視点が生まれることはたくさんあります。課題解決型の学びに一緒に協力していくことで、障害のある子どもたちのアイデアや表現に触れることも、インクルーシブの理念につながっていくのではないでしょうか。その際にPadletによる可視化・共有化は大きな力になります。

実践例 全学年共通 特別支援

Lesson 45 特別支援学級での コミュニケーション

Padletは非言語のコミュニケーションにも有効活用できます。その好事例を紹介します（文／古矢岳史）。

1 | 発表〜フィードバックが、スムーズに行える

特別支援学級の総合的な学習の時間「学校の達人」では、自分の通う小学校について調べ学習を行い、その成果を発表する活動を行いました。この授業では、以下の流れでPadletを活用しました。

①今日の授業の流れの説明
②発表タイム（[ストーリーボード]のPadletを使用）
③感想タイム（[ストーリーボード]のPadletを使用）

このオーソドックスな流れであっても、感想の共有まで支援級の子どもたちと行うには通常、相当な配慮と時間が必要です。しかし、Padletを活用することで、効率的でありながら豊かなコミュニケーションを実現できました。

授業の最初に、発表と感想をPadletで行うことを説明し、「書き込む言葉は友達が傷つかない言葉を選びましょう」と伝えました。発表では、子どもたちがGoogleスライドで作成した内容をPDFに変換して1人ずつ発表しました。PDF形式にしたのは、操作ミスや誤作動のリスクを減らすためです。PadletのPDFビューアーはページごとに表示できるため、特別支援学級の子どもたちでもストレスなく発表を進められました。

2 | 感想タイムは言語、非言語表現を併用

感想タイムでは、まず[いいね]でリアクションをした後、言語表現が得意な子どもにはテキストで、タイピングが難しい子どもには感想を話した動画をコメント欄にアップロードさせました。Padletのコメント機能はテキスト以外の表現も可能で、非言語的なコミュニケーションが取れる点が非常に有効でした。コメントは即座に表示されるため、発表を終えた子どもたちが嬉しそうにコメントを読み、返信している姿が印象的でした。これほどまでにコミュニケーションが豊かになった時間は他にはなく、驚きと喜びに満ちた時間となりました。

リアクションを行う際も、Padletボード上に発表スライドが表示されているため、それを

見ながら感想を書くことができました。この機能は短期記憶が難しい子どもたちにも非常に効果的でした。また、「何かを進めるにはピンクを押すんだよ！」といったように、年上の子どもたちが下級生に操作を教える場面もありました。PadletのUIは、重要なアクションにピンク色で統一しているため、特別支援学級の子どもたちでも直感的に操作を覚えることができました。

授業後には、Google Classroomを通じてPadletボードだけを保護者にシェアできるため、負担が少なく、保護者もクラスの友達からのコメントを嬉しそうに見てくださいました。言語を使わなくてもここまで豊かで効率的なコミュニケーションを実現できるツールは初めてです。活用方法次第でさらに可能性が広がると確信しています。

テキストで感想を寄せる子ども　　動画で感想を録画する子ども

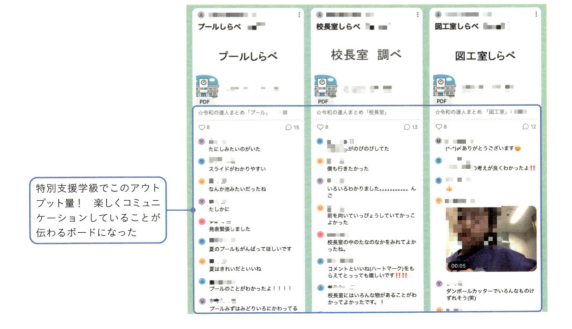

特別支援学級でこのアウトプット量！　楽しくコミュニケーションしていることが伝わるボードになった

右上: 実践例　研修会　特別支援

Lesson 46 研修会でのPadlet活用

二次元バーコードを読み取れる端末を準備するだけで、資料やサイトの即時共有、一人ひとりの感想や質問をリアルタイムで可視化・共有化できる、研修会でのPadlet活用について紹介します（文／海老沢 穣）。

1 ｜ 資料やWebサイトもPadletで共有

講演会やワークショップ、研修会等でPadletはとても活躍します。あらかじめ作成したボードを共有し、二次元バーコードを取得してその場で提示すれば（レッスン10参照）、端末のOSを問わずにアクセスできる良さがあります。参加される方にスマートフォンでアクセスしてもらえばすぐに活用ができます。例えば研修会を行う場合は、下記のような流れでPadletを活用します。

事前の準備

①あらかじめ研修会用にPadletのボードを作成し、設定から［レイアウト］→［セクションで投稿をグループ化］をオンにして、フォーマットを［ストーリーボード］にします。セクションに「感想や質問を投稿してもらうセクション」「資料をアップロードするセクション」を追加します。

②研修会用の資料をプレゼンテーションアプリ等で作成したらPDFに書き出し、「資料をアップロードするセクション」にアップロードします。

③研修会の内容に関するWebサイトや動画チャンネルへのリンクを投稿しておくこともできます。投稿する際、リンクをペーストするとプレビュー画像が作成されますが、リンク先に合った画像が表示されない場合があります。その場合は、編集アイコンをクリック（タップ）すると、画像を変更することができます。該当するWebサイトをイメージしやすい画像に変更しておくと、参加者が活用しやすくなると思います（次ページ図を参照）。

④研修会が開始される前に、スクリーンにPadletの二次元バーコードを提示しておきます。コードをダウンロードしてスライドに貼り、「資料を事前にご覧になりたい場合は二次元バーコードからアクセスしてください」等と表記しておくとさらにわかりやすくなります。こうしておくと、研修開始前に座席で待機している参加者が事前に情報を収集したり、テーマへのイメージを持ちやすくなったりします。

研修の形態にもよりますが、参加される方にも情報活用能力を働かせてもらうために、研修中に気づいたことや調べたいことがあったら、随時スマートフォンやタブレット等の端

末をフル活用してもらうとよいと思います。①課題を設定する（問いを立てる）、②情報を収集する、③情報を整理・分析する（知識や経験と統合化する）、④まとめ・表現を行う（アウトプットする）といった学びのプロセスを受講者に体験してもらうためです。

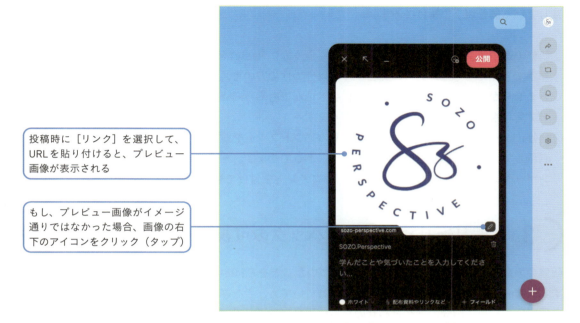

投稿時に［リンク］を選択して、URLを貼り付けると、プレビュー画像が表示される

もし、プレビュー画像がイメージ通りではなかった場合、画像の右下のアイコンをクリック（タップ）

プレビュー画像の選択方法がいくつか選べる。手元に画像がある場合は［アップロード］を、ない場合は［カメラ］や［検索］などを選択して、イメージ通りの画像を適用しよう

2 | 研修会の中でのインタラクティブワーク

研修会を行っているときに、Padletをどのように活用したら良いのでしょうか。筆者が実践している例を以下に挙げてみます。

①研修の途中で、講師の問いかけに答えてもらう際にPadletを活用することもできます。挙手で答えてもらう形だと、発言する方以外の他の方の考えやアイデアを知ることはできませんが、Padletを活用して全員に書き込んでもらうことで、さまざまな意見やアイデアを可視化・共有化できる良さがあります。
②研修によっては、事前課題を設定してそのアウトプットを投稿してもらい、Padlet上で表示して発表や説明をしてもらうということもできます。その際に参加者にその場でエンゲージメントしてもらい、[いいね]やコメントを付けてもらうのもよいと思います。

3 | 振り返りやフィードバックの可視化・共有化

研修会の最後に、受講者に考えたことや気づいたことをPadletに投稿してもらう形にします。研修会の中で質疑応答の時間が設定されていても、手を挙げて発言するのはなかなか勇気がいるため、時間の埋め合わせのために司会者や進行役が講師に質問をすることになったりする場面はないでしょうか。

Padletに書き込んでもらう形式にすると、参加された方一人ひとりの考えや気づきをその場で全員で共有することできます。これは講師にとっても、全員のフィードバックがすぐに得られ、メリットが大きいです。設定の[エンゲージメント]欄で、[いいね]を選択したりコメントをオンにしておくと、自分の投稿が終わった受講者が他の方の投稿を見ながらリアクションができ、研修時間を最後まで有意義に使うことができると思います。

ここで受講者から質問があれば、コメントで答えるようにします。Padletがとてもいいのは、その場ですぐにコメントができなくても、リンクを共有しておけば後で回答することも可能な点です。また、ある受講者の質問に対して、別の受講者が回答できる場合もあります。自治体や学校に固有なICTの環境設定等に関わる質問の場合、講師が答えられない場合があります。そうしたときに全員でエンゲージメントできるのがPadletの優れた点になります。

[投稿フィールド]を目的に合わせてカスタマイズする方法もあります（レッスン08参照）。例えば、[画像検索]や[描くのを助けて]（画像生成）をオンにして体験してもらうのも面白いです。アカウントを作成しなくても画像生成に取り組めるのもPadletの良さです。

「Padletではじめて AI での画像生成を体験しました」という投稿を多くいただくことも多くあります。

> 研修会で［描くのを助けて］を試してもらったときのボード。Padletに慣れてもらうには、うってつけの取り組み

複数の研修会でPadletを使用する際、ボード上で紹介するWebサイトや動画チャンネルのリンクが共通している場合があります。その数が多いと、1つずつリンクを貼り直すのは手間ですが、リメイク機能を活用するとリンクをそのまま他のボードに複製することができます。

> 画面右端のメニューから［このPadletをリメイク］（上から3番目のアイコン）をクリック

> リメイク時にボードのタイトルを新しい研修会用の名称に変更しておくと、区別がつきやすい

> コピーする要素で［壁紙］や［投稿］をオンにすれば、ボードの背景や資料リンクが添付された投稿などを引き継いだまま、ボードを新規作成できる

chapter 4　授業での活用事例［高学年・特別支援］

163

Column コラム

AIボード（カスタムボード）の活用法②
歴史的出来事マップの作成

AIボードを使って、歴史上の出来事をマップ上に簡単に可視化できるPadletボードも作成できます（文／古矢岳史）。

下図は、小学校6年生の社会科で戦国時代をテーマにした「歴史的出来事マップ」を作成した例です。Padletのボード作成画面にある［AI生成メニュー］の［歴史的出来事マップ］を選び、対象年齢、期間、場所、目的などを入力するだけで、戦国時代の重要な戦や関連資料がその出来事が起こった場所に、自動的に配置されます。

1. Padletのボード作成画面で、［歴史的出来事マップ］を選択
2. 対象年齢、期間、場所、目的などを入力

歴史出来事マップが自動生成された

第 **5** 章

学校行事・校務での
活用事例

授業だけでなく、学校行事や校務における
Padletの活用方法を紹介します。研修や職員
会議、保護者とのコミュニケーション、学校イ
ベントの運営など、実際の活用事例をもとに、
Padletの可能性を探ります。

学校行事 | 移動教室

Lesson 47 移動教室の実況中継をPadletで！

動画をアップロードでき、保護者との双方向のやり取りも手軽に行えるPadletなら、移動教室での体験がぐっと身近になります。その活用事例を紹介します（文／二川佳祐）。

1 | 移動教室の様子をリアルタイムで共有

小学生にとって、毎年行われる5・6年生の移動教室は、一生の思い出に残る大切なイベントです。家を離れての宿泊体験は、子どもたちにとって大きな冒険であり、新しい友達と過ごす時間や自然の中での体験が心に深く刻まれます。そんな貴重な経験を、家族とも共有できるようにするのが、このPadletを使った実況中継です。

移動教室では、一般的に学校からの情報発信が行われていますが、その多くは学校のWebサイトに1日ごとに写真をアップするという形で行われています。しかし、学校のWebサイトでは「アップロードに時間がかかる」「画像が見にくい」「保護者からの反応が得られない」など、いくつかの懸念点があります。そこで、より手軽でインタラクティブな手段として、Padletを利用することが非常に効果的です。

Padletの［タイムライン］ボードを使うことで、移動教室中の様子をリアルタイムで保護者と共有することができます。そのメリットについて以下に詳しく説明します。

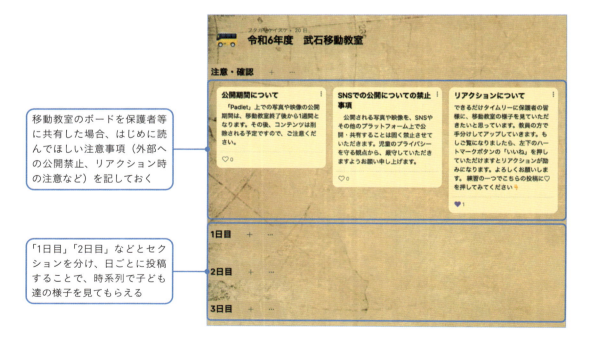

・移動教室のボードを保護者等に共有した場合、はじめに読んでほしい注意事項（外部への公開禁止、リアクション時の注意など）を記しておく

・「1日目」「2日目」などとセクションを分け、日ごとに投稿することで、時系列で子ども達の様子を見てもらえる

2 | Padletのメリット

1. パスワード保護によるセキュリティの確保

Padletでは、リンク共有時の［コラボレーター］の欄から、ボードにパスワードを設定することで、特定の保護者のみがアクセスできるようにすることが可能です（レッスン13参照。ここでは［訪問者の権限］を［コメンター］に、［リンクのプライバシー］を［シークレット – パスワード］に設定している）。これにより、外部からのアクセスを制限し、子どもたちのプライバシーを守りながら情報を発信できます。移動教室中の写真やビデオは、プライベートな内容が含まれることが多いため、このセキュリティ機能は非常に重要です。

2. 簡単なアップロード機能

Padletのもう1つの利点は、その使いやすさです。写真や動画をアップロードする際の手間が少なく、タブレットやスマートフォンからでも簡単に操作が可能です。特に移動教室のような現場では、限られた時間の中で情報を共有する必要がありますが、Padletを使えば数タップでアップロードが完了します。これにより、先生たちの負担を大幅に軽減することができます。

3. 保護者とのインタラクションが可能

Padletでは、保護者が［いいね］ボタンを押したり、コメントを残したりすることができます。これにより、子どもたちの様子を見た保護者がその場でリアクションをすることができ、子どもたちへの応援メッセージなども届けることができます。この双方向のやり取りが、保護者にとって安心感を与えるだけでなく、子どもたちにとってもモチベーションの向上につながります。

4. 日ごとのセクション分けが可能

Padletは、複数のセクションを設けて情報を整理することができます。移動教室の「1日目」「2日目」「3日目」といった形でセクションを分けて情報を発信することで、保護者もその日の活動の様子を一目で把握することができます。このように整理された情報は見やすく、移動教室の進行を時系列で追うことができるので、より具体的に子どもたちの体験を共有することができます。

5. 高画質での画像アップロード

学校のWebサイトに画像をアップロードする際には、画質が落ちることがありますが、Padletでは高画質のまま画像をアップロードすることができます。これにより、保護者が子どもたちの表情やその場の雰囲気をより鮮明に感じることができ、よりリアルな情報を届けることができます。移動教室の貴重な瞬間を、高品質で共有できるのは大きな魅力です。

6.公開範囲を後で変更できる

移動教室が終了した後、Padletのボードをクローズし、公開範囲を縮小することができます。例えば、期間限定で公開し、その後は閲覧できないように設定する（[訪問者の権限]を[アクセスできません]に再設定する）ことで、必要な情報を適切に管理することが可能です。このような設定を行うことで、イベント終了後のプライバシー保護も徹底できます。

3 | 実際の使い方

移動教室のためにPadletを作成する方法は非常に簡単です。まず、移動教室専用のPadletボードを作り、そのURLを保護者に共有します。リンクの共有方法としては、メールを利用するのが便利です。また、パスワードや使用上の注意事項を明記した上で、二次元バーコードをプリントアウトして配布するのも有効な手段です。これにより、保護者が簡単にアクセスできる環境を整えられます。

移動教室中に教員は、学校が用意したタブレットやデジタルカメラを使って写真を撮影し、それを移動中の車内や休憩時間に素早くPadletにアップロードします。リアルタイムで子どもたちの様子を伝えることで、保護者は自分の子どもがどのように過ごしているかをその日のうちに知ることができ、安心感を得ることができます。

例えば、自然の中で楽しそうに活動する子どもたちの笑顔や、班ごとに協力して課題に取り組む姿など、普段はなかなか見ることのできない貴重な瞬間を共有することで、保護者との距離が縮まります。保護者の方たちにとっても、移動教室中に子どもたちの生き生きとした表情を見ることで、子どもたちが安全で楽しい時間を過ごしていることを実感でき、安心感につながるでしょう。

Padletを活用した移動教室の実況中継は、保護者にとっても学校にとっても、大きなメリットがあります。リアルタイムでの情報共有は、保護者の信頼を得るだけでなく、子どもたちにとっても思い出の共有ができる素晴らしい機会です。これからの学校行事に、ぜひPadletのようなICTツールを取り入れて、より充実した学びの時間を作り上げていきましょう。

学校行事　学習発表会　学芸会

Lesson 48 保護者との情報共有を簡単に、そして豊かに

Padletボードで保護者に学校行事などの活動をシェアし、コミュニケーションしましょう。その実践例をご紹介します（文／古矢岳史）。

1 │ 学習発表会の交流はPadletボード内で完結

総合的な学習の時間で訪れた移動教室先の調べ学習の発表会を、保護者授業参観日に行いました。従来であれば、子どもたちの発表がすべて終わった後、紙ベースやアンケートフォームを使って保護者に感想を書いてもらっていましたが、その方法だと全体的な感想や自分の子どもへの感想に留まることが多いと感じていました。

しかし、Padletボードを使って保護者からフィードバックをもらうことで、この状況が劇的に改善されました。各グループの発表後に、感想用のPadletボードの二次元バーコードをシェアし、保護者や発表を見ていた他の子どもたちにボードに感想を書いてもらう数分間の時間を設けました。その結果、発表が終わった直後に各グループへの感想がリアルタイムで送られ、子どもたちは嬉しそうにそのコメントを見ながら返信していました。

保護者が授業内で子どもたちの前で感想を話すことはハードルが高いですし、授業中にすべてのグループに感想をもらう時間も十分にはありません。Padletを使うことで、短時間で発表者と保護者との間で相互のキャッチボールが可能になり、他の方法では難しい交流が実現できました。

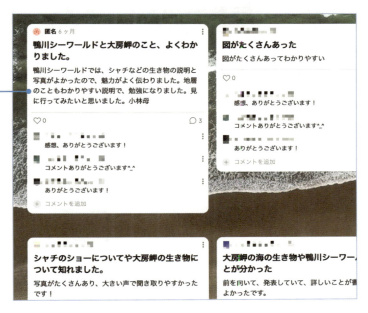

「匿名」と表示されているのが保護者の感想の投稿。発表した子どもたちがコメントを返している様子がわかる

2 | 学級通信にも Padlet ボードで発信

日々のクラスの様子を伝える学級通信。筆者はGoogleサイトで学級通信を作成していますが、Padletを併用することで、学習内容をより具体的に保護者に伝えることができます。Padletボードのリンクを共有することで、紹介した活動における子どもたちの考えや振り返りを保護者に直接見てもらうことが可能です。紙ベースで学級通信を発行している場合でも、二次元バーコードを誌面に添付すれば、同じようにPadletボードを活用できます。また、学級通信をPadletで直接発信している先生もいました。その場合、投稿が最も大きく表示される［ストリーム］フォーマットを活用し、学級通信と関連する動画を同時に投稿して発信していました。この方法により、わかりやすく情報を届けることができます。

学級通信に「コチラから見られます！」とPadletボードのリンクを付けて発信

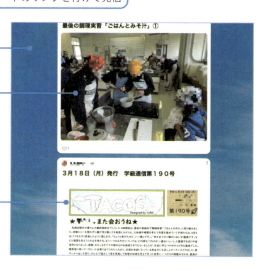

学級通信で共有するボードは、個々の投稿が見やすい［ストリーム］フォーマットが便利

ボード内に写真や動画を投稿

保護者にしっかり読んでほしい事柄はPDFにしてボードに投稿しておくと、Padlet上で閲覧できるので効果的

3 | 保護者とともに学芸会を創る。練習過程も発信

筆者は、学芸会の期間中、Padletボードを使って毎回の練習の振り返りや練習の様子を画像や動画で保護者にシェアしていました。大きな行事を控えると、担任が準備に追われるため、毎日の練習の様子を文章にまとめ、写真をレイアウトして学級通信を作成するのは難しいことが多いのではないでしょうか。

Padletボードを活用することで、子どもたち自身が投稿した言葉で練習の過程を伝えることができました。「日々の練習の様子や、子どもたち一人ひとりが考え、感じたことが伝わる！」と保護者から好評でした。

さらに、この学芸会は日本の歴史をテーマにしていたため、衣装集めも苦労しそうだと感じていました。そこで、Padletのセクション付き［ストーリーボード］で保護者にイメージ写真を投稿し、「このような衣装をお持ちの方はいませんか？」と呼びかけたところ、保護者が「こんな衣装がありますよ！」と投稿してくださり、今までより早く簡単に衣装を揃えることができました。日頃からPadletを使って保護者に情報を発信していたため、保護者の方々もPadletの使い方に慣れており、スムーズなやり取りができたことが大きかったです。

こうした自由度の高い保護者への発信について、「許可を取るのが難しいのでは？」という声をよく耳にします。確かに、急にこのような発信方法を提案しても、理解を得るのは難しいかもしれません。筆者も最初からこのような発信ができていたわけではありません。この章で紹介したように、筆者は段階的にPadletを活用して保護者への発信を行い、その良さや保護者からの反響をもとに、徐々に許可を得られるようになりました。

また、セキュリティ面についてはパスワードをかける（レッスン13参照）などの安全対策をしっかりと説明し、安全な環境で発信できることを理解してもらうことが重要です。

段階的な取り組みで理解を得ることにより、子どもたちに関わる人々がより深くつながる、新しいコミュニケーションの形を拓くことができます。

学芸会で使う衣装の提供をPadletで保護者に呼びかけたボード。これにより、衣装の情報をたくさん共有してもらうことができた

Lesson 49

アイスブレイクでPadletを浸透

新しいICTツールの導入を成功させるには、教員が楽しみながら体験できる場を作ることが重要です。そんな場作りの事例を紹介します（文／二川佳祐）。

1 |「楽しみながら」が大切

教員が新しいツールに慣れ、日常の教育活動で活用するためには、組織内での導入が丁寧で慎重であることが重要です。しかし、新しいツールに対して「つまらない」「できない」「無理」「わからない」「面倒臭い」といった感情を持たせてしまうと、そのツールは敬遠されてしまいます。逆に、「楽しい」「できそう」「簡単」「わかった」「もっとやりたい」と思わせることができれば、そのツールは組織に自然と受け入れられていくのです。

そのため、新しいツールを導入する際には、いきなり業務の場面で活用するのではなく、まずはレクリエーション的な要素を取り入れて、リラックスした雰囲気でツールに触れてもらうことが効果的です。筆者が実践した例として、夏休みが終わり、二学期が始まる直前の8月末に先生たちとのアイスブレイクを行いました。長い夏休みが終わろうとしているこの時期、先生たちはまだ完全には日常の業務モードに戻っておらず、少し気晴らしが必要なタイミングでした。このアイスブレイクでは、Padletの［マップ］ボードを使いました。先生たちには夏休み中に行った場所を報告してもらい、それが帰省であれ旅行であれ、自由に共有してもらうようにしました。

マップボードを使ったアイスブレイクの例。気軽に投稿できて、見た目にも楽しい

マップ上に訪れた場所を示し、文字や写真を添えて、行ったからこそ知り得るその場所ならではの情報を共有してもらうことで、先生同士の交流が深まりました。また、「この場所にはこんなものがあったよ」「ここでこんな体験をしたよ」といった情報を通じて、先生たちが楽しみながらICTツールに触れる機会を提供できました。

こうしたレクリエーション的な活動を通じて、「こんなことができるんだ」「これ面白いじゃん」と先生たちに思ってもらうことができれば、それが最初の一歩となります。Padletを使った活動が楽しく、有意義だと感じることで、先生たちの中に「教室でも使ってみたい」という意欲が芽生えるのです。このようにして、先生たちの「経験」が教室での「活用」につながっていきます。

2 | 教員が「楽しい」と感じたことがICTツール浸透の鍵に

例えば、Padletの［マップ］で得た経験を活かして、教室でも「夏休みに行った場所を共有しよう」といった活動を行うことができます。子どもたちも自分の経験を共有することで、友達とのつながりを感じたり、互いの体験を通じて新しい知識を得たりできます。さらに、写真や文字で思い出を書き出すことは、ICTツールを使った自己表現の練習にもなります。また、新しいサービスやアプリを導入する際には、一度や数回の試みで終わらせるのではなく、時間をかけて何度も繰り返し取り組み、浸透させていくことが重要です。

また、こうした活動を通して、先生たちの間で自然と協力し合う風土が育まれることも期待できます。例えば、Padletに慣れた先生が他の先生に使い方を教えることで、互いに支え合いながらICTツールの活用が進んでいくのです。協力し合う姿勢が生まれることで、校内全体でもICTツールの活用基盤が形成されていきます。そして、その基盤があることで、新たなツールの導入や既存のツールの拡張もスムーズに行えるようになります。

さらに、こうした取り組みは単にICTツールの使い方を学ぶだけでなく、先生たち自身の成長にもつながります。新しいことに挑戦し、それを使いこなす過程で得られる達成感や自己効力感は、先生たちの仕事に対するモチベーションを高め、教育現場全体の活力を向上させる要因にもなります。特に、はじめは抵抗を感じていた先生が、実際に使ってみて「意外と簡単だった」と気づくことで、自信を持って新しいことに挑戦する姿勢が育まれます。このような前向きな経験は、先生たちの教育活動においても積極的な取り組みを促し、子どもたちにも良い影響を与えることが期待できます。

このように、新しいツールを導入する際には、その使い方や利便性を先生たち自身が体験することが大切です。最初は小さなアイスブレイクのような活動から始め、先生たちが楽しみながら使える状況を作ることで、「わかった」「できた」「もっと使いたい」という気持ちが育ち、教室での活用へとつながっていくのです。新しいツールを広げる際には、焦らずに、一歩ずつ、そして楽しみながら進めていくことが大切です。

校務

Lesson 50 Padletで職員室開きを！

Padletでの自己紹介で職員同士の距離を縮め、スムーズな新年度のスタートを切る。効率的な情報共有と信頼関係の構築で、職員室をより温かな環境にします（文／二川佳祐）。

1 | Padletを使って4月のチームビルディング！

新しい学年が始まり、新しいチームと顔を合わせる4月。職員室の雰囲気も少し緊張感が漂う中、少しでも早くお互いのことを知ることで、良いスタートを切ることができます。そんなときに活躍するのがPadletです。Padletを使うことで、アイスブレイクを同時多発的に行うことができ、教員同士の距離をぐっと縮めることが可能です。

まず、［ウォール］フォーマットのPadletボードにセクションを作り、例えば「低学年」「中学年」「高学年」「専科」といったようにチームごとに分けたエリアを用意します。その中に自己紹介を書き込む場所を設けます。ここで、投稿の内容を「教員になったきっかけやエピソード」を言える範囲で書き込むという約束をした上で、「こんな教員になりたい」「こんなクラスにしたい」「これだけは苦手」「好きで好きで仕方がないもの」「これがあるとご機嫌になる」といった項目に設定し、それぞれが自分の思いを自由に書き込んでいくのです。これにより、教員全員が自分を少しずつ開示し、お互いにどんな人なのかを知ることができます。

「低学年」「中学年」「高学年」といったセクション分けを行い、自己紹介を書き込んでもらう

この活動は、ただ書き込むだけで終わらせるのではなく、自己開示が深いものはまだ関係性ができていない中で話すのには気が引けたりします。だから、自分で自己開示の具合を選択できるようにすることが大切です。安心安全に、言える範囲で書き込みをするという約束をした上で、他の教員の投稿にもコメントを返すことを促すことで、さらに深いコミュニケーションを生み出します。例えば、「教員になったきっかけ」の投稿に対して「そのエピソード、とても共感します！」「私も似た経験があります」といったコメントを付けることで、そこから話題が広がり、リアルな場面での会話にもつながりやすくなります。

Padletを使う利点の1つは、同時に複数の人とスピード感を持ってコミュニケーションを取れる点です。デジタルツールを使うことで、物理的な制約を超えて短期間で多くの情報を共有することができ、忙しい教員にとって非常に効率的です。特に4月の職員室開きの際に、このPadletを使って職員同士の自己紹介を行うことで、新しい年度のスタートをスムーズに切ることができるでしょう。

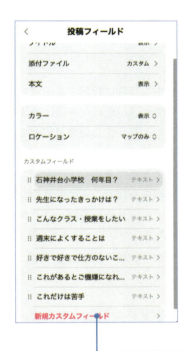

Padletの設定の［投稿フィールド］→［カスタムフィールド］に、自己紹介向けの質問を複数設定する（レッスン08項目3参照）

自己紹介の例。プライベートな話も入れると親近感が増すので効果的

2 | Padletでの効率的なコミュニケーションが、リアルな人間関係にも好影響を与える

また、Padletを活用することで、デジタルなコミュニケーションだけでなく、その後のオフラインでの関係性を深めるためのきっかけ作りにもなります。例えば、Padlet上で「好きで好きで仕方がないもの」に共通点を見つけた職員同士が、職員室でのちょっとした会話のネタにすることで、日常のコミュニケーションが豊かになります。このように、オンラインのツールを使うことで効率的に情報を共有し、その情報をもとにしてリアルな場面でのやり取りを豊かにしていくことが重要です。

もちろん、オンラインのコミュニケーションだけで、すべてが完結するわけではありません。Padletを使って職員同士の自己紹介を行うことはあくまで第一歩であり、その後のオフラインでの関係を深めるための手段に過ぎません。しかし、Padletを使うことで、自己紹介やアイスブレイクにかかる時間を短縮し、より多くの職員と効率的にコミュニケーションを取ることができるため、その後のリアルなコミュニケーションがスムーズに進む土台を作ることができます。

さらに、Padletを使った自己紹介は、参加者それぞれが自由な時間に投稿できる点も利点です。4月は新年度の準備で忙しい時期ですが、Padletを使えば、全員が一斉に時間を合わせる必要がなく、各自のペースで投稿が可能です。これにより、忙しい教員同士でも無理なくお互いを知る機会を持つことができるのです。また、投稿内容も自由度が高いため、それぞれが自分のペースで、思いの丈をしっかりと伝えることができます。

このように、Padletを使った自己紹介は、職員同士の信頼関係を築くための効果的な方法です。「これだけは苦手」「好きで好きで仕方がないもの」といった問いを通して、共感や新たな発見が生まれ、職員室内でのコミュニケーションが円滑になります。また、「こんな教員になりたい」といった投稿を見ることで、同じ志を持つ仲間がいることを知り、教員同士の連帯感も高まります。

特に新しい環境に入ると、緊張や不安からお互いのことを知るまでに時間がかかることがあります。しかし、Padletを活用することで、その緊張をほぐし、早い段階でお互いのことを理解する手助けとなります。自分の思いをオープンにすることで、自然と他の教員たちも自己開示しやすくなり、職員室全体の雰囲気が柔らかくなるのです。

Padletでの自己紹介を経て、職員同士がリアルな場面で顔を合わせた際には、既にある程度お互いのことを知っているため、より深いコミュニケーションが生まれます。例えば、「これがあるとご機嫌になります」と書いた内容を知っていれば、その職員が忙しい時期に少しでも元気づけるためのサポートをしたり、声を掛けたりすることができるでしょう。このような小さな気遣いが積み重なることで、職員室全体が協力し合い、支え合う雰囲気に

なっていくのです。

最終的に、Padletを活用した自己紹介の目的は、職員室全体の一体感を高め、良好な人間関係を築くことです。そのために、オンラインとオフラインのコミュニケーションを効果的に組み合わせ、効率よく、かつ温かみのある職員同士のつながりを作っていきましょう。新しい年度のスタートを迎えるにあたり、Padletを使った自己紹介は、一つの有効な手段となります。ぜひ皆さんもこの方法を取り入れて、職員室でのコミュニケーションをより豊かなものにしていってください。

chapter

5

学校行事・校務での活用事例

校務

Lesson 51

校務で使ってこそ授業に活きる

Padletを授業で効果的に使うには、まず先生たち自身が校務で使いこなし、その価値を実感することが重要です。安心して使える経験が、授業での導入につながります（文／二川佳祐）。

1 | 先生のPadlet体験が子どもたちの学びを豊かにする

Padletのような ICTツールを子どもたちの授業に導入する際、一番の障壁となるのが「先生のマインドブロック」です。新しいツールに対する不安や慣れないことへの抵抗があると、先生たちは自信を持って子どもたちに使わせることができません。その結果、授業に活用されるまでの道のりが遠のいてしまいます。

そこで大切なのは、まず先生たちが日常的にPadletを使いこなし、その良さに気づくことです。先生が自分自身でそのツールを使い、実感を得ることで初めて、子どもたちに対しても安心して活用できるようになります。

Padletを導入する際の第一歩は、まず先生たち自身がユーザーになることです。日常の校務でPadletを使い、メモや情報共有、アイデアの整理といった用途でその使い勝手を体験しましょう。そして、使いこなす中でPadletの可能性に気づいたら、その次にクリエイターとしての立場で使うことを目指します。つまり、Padletを使って新しいコンテンツを作り、情報を発信したり、他の先生たちや生徒たちと交流したりすることで、その効果を体験的に学んでいくのです。

この順番で導入を進めることが、Padletのような新しいツールを組織に浸透させる上で非常に大切です。授業でPadletを使うということは、子どもたちに対する1つのリコメンドでもあります。先生が「これいいよ」と思って薦めるものは、その感情が子どもたちに伝わります。

特にICTツールのようなものは、実際に使ってみてその便利さを感じることが重要です。先生が本当に「これ便利だな」「これなら子どもたちの学びに役立つ」と感じていることが、子どもたちに対しても自然と伝わるのです。逆に、先生が不安を抱えていたり、使い方に自信がないまま子どもたちにツールを使わせると、その不安は子どもたちにも伝わり、ツールの導入は成功しにくくなります。

178

2 「楽しい」「便利」という感情は自然と子どもに伝わる

先生たちがまずPadletのユーザーとして使い、その後クリエイターとして活用することで、授業における活用が自然と広がっていきます。例えば、校務の場面でPadletを使うことで、先生同士の情報共有がスムーズになり、学年や校内全体での連携が強化されます。会議での意見交換や校務の整理、アイデアの共有など、さまざまなシーンでPadletが活躍することで、先生たちは「これなら教室でも使える」と感じるようになるのです。

また、Padletを使った授業は、子どもたちにとっても新鮮で楽しいものになります。例えば、授業中にアイデアを共有する場面でPadletを使えば、子どもたち一人ひとりの考えを可視化し、クラス全体で共有することができます。これにより、クラス全体の議論が深まり、子どもたち同士の学び合いが促進されます。Padletを使った活動を通して、子どもたちは自分の意見を表現する力を養うとともに、他の人の考えを尊重する姿勢を学ぶことができます。

繰り返しになりますが、Padletの良さを理解し、授業に活かすためには、まず先生たちがその価値を体感することが必要です。そして、その感情の伝搬作業こそが、ICTの浸透において最も重要なポイントなのです。先生たちが「楽しい」「便利だ」と感じたことは、自然と子どもたちにも伝わります。ICTツールは、単なる技術ではなく、それを通じて人と人がつながり、ともに学び合うための手段です。そのためには、まず大人がそのツールの良さを理解し、楽しんで使うことが不可欠です。

教師の悩みは子どもにも伝わってしまう……

使いこなせる！という感情は子どもにも伝わる

3 | 校務→授業で活用、という流れがICT活用の底上げに

Padletを校務で活用することから始め、その利便性や楽しさを実感した上で、授業に応用していく。このステップを踏むことで、先生たちの「使ってみたい」という意欲が育ち、授業におけるICT活用がスムーズに進んでいきます。

また、先生たちが日常的にPadletを使うことで、その使い方や可能性を深く理解し、それをもとにして新たな授業アイデアが生まれることも期待できます。例えば、グループ学習でのアイデア共有や、課題の進捗状況を全員で確認するための掲示板としての活用など、授業の中での使い方は無限に広がります。

このように、まずは校務でPadletを使いこなすことで、先生たちの中で「これは使える」と思わせることが重要です。それが子どもたちに対する授業での活用につながり、最終的には学校全体でのICT活用の底上げとなります。新しいツールを導入する際には、いきなり大きな目標を立てるのではなく、小さな成功体験を積み重ねることが大切です。その積み重ねが、先生たちの自信となり、子どもたちに対するより良い教育の提供へとつながっていくのです。

Padletを大人が使ってこそ、その真の価値が授業に生きていきます。まずは校務で使い、その便利さを実感する。そして、そこから一歩進んで授業に応用し、子どもたちの学びをより豊かなものにしていくことが求められています。

ICTツールは、使い方次第でその可能性が無限に広がるものです。だからこそ、まずは大人がその価値を理解し、楽しんで使うことから始めていきましょう。それが、子どもたちの学びをより豊かなものにする第一歩となるのです。

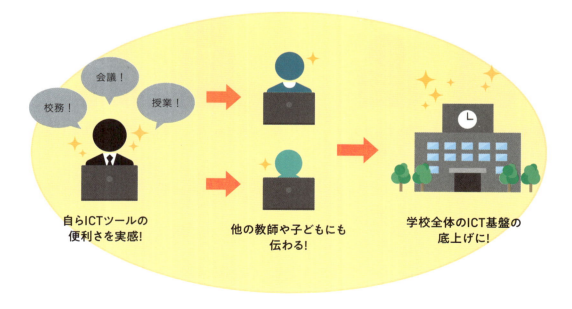

校務　校内研究

Lesson 52

Padletで研究の足跡を！

校内研究での学びを蓄積し、先生たちの個別最適な学びを実現するために、Padletを効果的に活用する方法を考えます（文／二川佳祐）。

1 ｜ 教員一人ひとりの「個別最適な学び」を実現するには

公立小学校における校内研究は、子どもの成長を目指すために重要な取り組みです。研究テーマや領域、教科、そして子どもたちに身につけてほしい力を決め、最終的にどのような児童の姿を目指すのかを考え、その目標に向かってどのような授業を行うべきか、手立てを考えます。研究授業は年間で3〜6回行われ、その中で実験的に試みたり、改善したりすることで子どもたちの学びの質を向上させていきます。

これまで、筆者自身が関わってきた研究や他校で行われている校内研究を見聞きしてきた中で、1つひとつの授業や取り組みは確かに素晴らしいものの、それらが互いに連携し、積み重ねられていくようには感じられませんでした。まるで、個々のピースは揃っているけれど、それが大きな絵としてつながっていないような印象を受けることがありました。

もちろん、各授業や研究にはそれぞれ価値があるのですが、その積み重ねをどう見せ、どのように活かしていくかが非常に難しいと感じていました。筆者自身、研究主任を務める中で「積み上げていく研究」にするにはどうしたらよいかという課題を常に考えていました。毎回の授業や研究の学びが蓄積され、それが見える化されていくことで、先生たち一人ひとりの「個別最適な学び」が実現されると考えています。そのためには、単なる授業の実施や振り返りを繰り返すだけでなく、どうやってその成果を次につなげるかを意識する必要があります。そこで、役立つのがPadletです。

2 ｜ 校内研究にPadletを活用するには

Padletは、授業や研究の振り返りを記録し、それを共有するのに非常に適したツールです。筆者は校内研究の中で、毎回の研究授業の後、研究全体会や分科会の後、そしてOJT研修の後など、とにかく毎回、必ずPadletに振り返りを書いてもらうようにしました。先生たちは自分の感じたことや学んだことを、Padlet上に記録し、それを共有します。さらに、その隣には同じ学年の先生や近くの先生の振り返りがあり、それがまた新たな気づきや刺激を与えてくれるのです。

Padletの強みは、セクションごとに個別に振り返りを書き込むことができ、それを供覧することが可能である点です。これにより、すべての先生が自分だけでなく他の先生の視点

chapter

5

学校行事・校務での活用事例

も知ることができ、互いに学び合うことができます。また、視覚的に誰が何を書いているのかがわかりやすく整理されているので、先生たちも気軽にフィードバックを得たり、自分の考えを追加で書き込んだりすることが可能です。まさに、ICTを活用した「見える化」が実現されているのです。

例えば、ある研究授業の後に、先生Aが「今回の授業で児童の発言が少なかった点が課題だと感じた」とPadletに記録したとします。その隣には、先生Bが「発言を引き出すための問いかけが少し難しかったのかもしれない」と書き込んでいます。このように、他の先生の振り返りを見て、自分自身の授業の改善点についても新たな視点を得ることができます。Padletを活用することで、一人ひとりの学びが孤立することなく、他者とつながり、より良い授業作りにつながるのです。

年度の最後には、これまでPadletに記録してきた振り返りを見返し、自分自身の学びを総括します。これまでの研究の成果を自分の中に落とし込む作業を行うことで、「この1年間で自分がどのように成長したのか」「次年度にはどのように改善できるか」といった自分自身の学びの進展を把握することができます。この振り返りこそが、1年間の研究の成果であり、次年度のスタート地点に立つ上での重要な基盤となります。

また、Padletを活用することで、他の先生方の学びを共有し、校内全体の学びの水準を底上げすることも可能です。先生一人ひとりが個別に学びを深めていくだけでなく、それを全体で共有することで、全体としての質の向上が期待できます。特に、同じ学年や教科の先生同士が互いにフィードバックし合うことで、授業の進め方や児童への関わり方に対する新しい視点が生まれ、次の授業に活かすことができるのです。

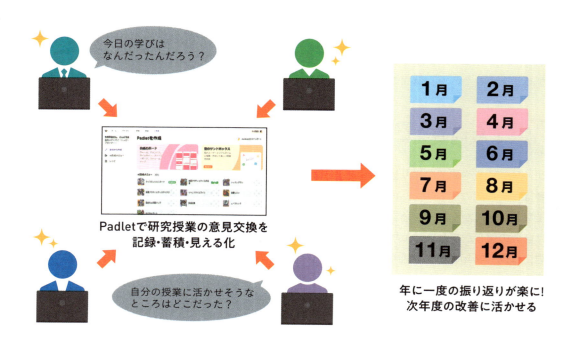

3 | 蓄積はやがて校内全体に学びの文化を育む

校内研究は、1回の授業や1つの活動で完結するものではなく、年間を通して何度も繰り返し、積み重ねていくことが大切です。その中で、Padletのようなツールを活用して記録を蓄積し、見える形で共有することで、先生たちは自分自身の学びをより深め、次に活かすことができます。これは、たんなる授業の改善にとどまらず、先生たち自身の成長、ひいては学校全体の教育力の向上につながるのです。

さらに、Padletを活用することで、若手の先生たちにとっても学びの機会が増えます。ベテランの先生たちがどのように振り返りを行っているのかを直接見ることができるため、自分自身の授業力向上に役立てることができます。また、若手の先生たちが自分の感じたことを気軽に書き込むことができ、それに対して先輩の先生たちがフィードバックを返すことで、OJTのような学びの場が自然と形成されていきます。これにより、校内全体での学びの文化が育まれ、先生たち一人ひとりが主体的に学び続ける姿勢を持つことができます。

校内研究で重要なのは、学びを積み重ね、それを次にどう活かすかという視点です。Padletを使って毎回の学びを記録し、それを共有することで、先生たちは互いに刺激を受け合いながら成長していくことができます。そして、その成長が最終的には子どもたちの学びの質の向上につながっていくのです。校内研究における学びの積み重ねを実現するために、PadletのようなICTツールの活用は今後ますます重要になっていくことでしょう。

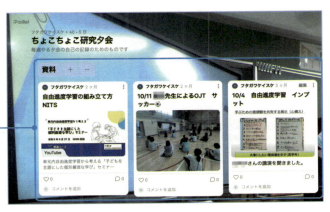

校内研究用のボードはセクション付きの［ストーリーボード］を活用し、一番上のセクションに資料をまとめておくと便利

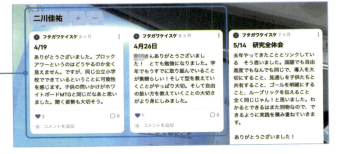

先生の名前ごとにセクションを分け、日付ごとに投稿するようにした例。情報が整理され、一目で誰の振り返りがいつ行われたのかわかる

校務　校内研究

Lesson 53　Padletで教員の問いを洗い出す

新しいテーマ「自由進度学習」を校内研究で扱うため、教員が問いを共有し、ともに学びを深める活動を、Padletを使って行いました（文／二川佳祐）。

1 | 新しい取り組みに対する意見集めに有効

新年度が始まり、校内研究のスタートとなる日に、本校では「自由進度学習」をテーマにした取り組みを開始しました。このテーマについては、筆者も含め多くの教員が「聞いたことはあるけれど、実際はよくわからない」という状況でした。そのため、まずは「問いを作る」というプロセスからスタートすることにしました。

自由進度学習とは、一人ひとりの学習ペースに合わせて学びを進めるというアプローチです。しかし、多くの教員にとってはまだ馴染みが薄く、その具体的な進め方や子どもたちへの影響についての理解は十分ではありませんでした。そこで、研究初日にPadletでセクション付きの［ウォール］ボードを設けて、「考えたこと」「浮かんだ問い」「やってみたいこと」という項目に自由に書き込む時間を設けました（下図）。Padletの特長の1つは、匿

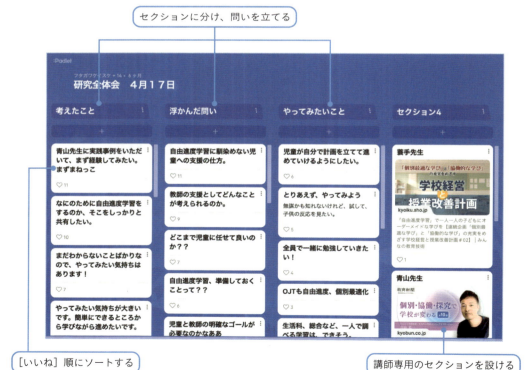

セクションに分け、問いを立てる

［いいね］順にソートする　　　　　　講師専用のセクションを設ける

名で投稿ができることです。教員たちが「自由進度学習」について思っていることや感じている疑問を、気軽に投稿できる環境を整えるために、あえて匿名の投稿形式を採用しました。これにより、「わからない」と感じていることや、疑問を率直に表現しやすくなり、教員たちの不安や疑念を安心して共有できる場が生まれました。

また、他の教員らが投稿した内容で共感できるものには［いいね］を押してもらい、［いいね］の数に基づいて投稿を並び替えました。この［いいね］を通じて、同じ疑問を持つ教員が多いということが視覚的に確認でき、孤立感を和らげる効果がありました。「自分だけがわからないのではないか」という不安を抱えることなく、互いに共感し合うことで、研究を進めていく上での一体感が生まれたと感じています。

年度の始めにこのような問いを作る活動を行ったことで、「何がわかっているのか」「何がわからないのか」をクリアにすることができました。教員たちの理解の現状を共有し、同じスタートラインに立つことができたのです。また、各教員が持っている疑問や関心を整理することで、その後の研究活動においてどのような方向性で進めていくべきかの指針を得ることができました。

このPadletでの問いの共有は、講師の先生にも共有しました。講師の先生には次回の研究全体会で、教員たちが投稿した問いに対してお話をしていただきました。このように、Padletを使うことで情報を簡単に共有できる点も非常に便利です。従来のように紙ベースでアンケートを取りまとめたり、口頭で意見を収集したりする方法に比べ、迅速に情報を収集・共有できるため、効率的に校内研究を進めることができました。

2 | 3つの問いから生まれた考えが好循環するサイクル

今回の校内研究は、大人のための活動でしたが、このプロセスは子どもたちの総合的な学習の時間などでも十分に応用可能です。例えば、子どもたちにとって未知のテーマについて学びを深める際に、「考えたこと」「感じた疑問」「やってみたいこと」を自由に書き出す時間を設けることで、子どもたちの興味関心を引き出し、学習の主体性を促すことができます。また、匿名での投稿を可能にすることで、普段は発言しにくい子どもたちも自分の考えを表現しやすくなり、全員が参加しやすい環境を作ることができます。

この問いを作る活動を通して、教員たちは次第に「自由進度学習」というテーマについての理解を深め、実践に向けた具体的なアイデアを得ることができました。「やってみたいこと」として投稿されたアイデアの中には、実際に授業で取り入れられたものもあり、校内研究の成果が直接教育現場に反映されるという好循環が生まれました。例えば、「子どもたちに自分のペースで学ぶ選択肢を提供するための時間割の工夫」や「個別に進度を管理するためのツールの導入」といった具体的な取り組みが実践されました。

また、Padletを使ったこのような活動は、教員たちの間に学び合いの文化を育む効果もあ

りました。各教員が自由に意見を述べ、それに対してフィードバックを得ることで、教員同士が互いに刺激を受け合い、学びを深めることができました。特に「自由進度学習」という、まだ多くの教員にとって新しいテーマについて、他の教員の視点や考えを知ることは、自分自身の理解を広げる上で非常に有益でした。

年度の始めに行ったこの問いを作る活動は、校内研究全体の基盤を築く上で非常に重要な役割を果たしました。教員たちが持つ疑問や不安を共有し、ともに考えることから始めることで、校内研究に対する参加意識を高め、主体的に研究に取り組む姿勢を育むことができました。また、この活動を通じて、教員一人ひとりが自分の学びの進捗を確認し、次のステップに進むための準備を整えることができました。

このように、校内研究における問いを作る活動は、ただテーマについて理解を深めるだけでなく、教員たちが互いに支え合い、共に学び合うための土台を作ることにつながります。そして、その学び合いの文化が、最終的には子どもたちの学びの質を向上させることにつながるのです（下図）。Padletというツールを活用することで、情報共有がスムーズに行えるだけでなく、教員同士のつながりを強化し、校内研究をより深いものにしていくことができます。これからも、このような問いを大切にした活動を通して、より良い教育環境を築いていきたいと考えています。

校務　研究発表

Lesson 54 研究発表会でのポータルサイト活用

研究発表の資料準備から解放されませんか？　資料をすべてPadletボードに集約することで、効率的な運営が可能になります（文／古矢岳史）。

1 | 資料をPadletボードに集約

これまでの研究発表会では、紙の資料や製本された紀要をクリアファイルにまとめ、講師のスライド資料を別に用意するのが一般的でした（筆者自身もそうでした）。これには膨大な資源と労力が必要で、後日見返されることが少ないため、非常にコストパフォーマンスが悪いものでした。

そこで、Padletボードをポータルサイトとして活用し、研究発表会のすべてをデジタルでシェアする方法を導入しました。学校案内図、当日の指導案、研究発表や講師のスライド資料、事後アンケートなどをセクション付きの［ストーリーボード］形式で共有しました。当日は参加者にスマホやタブレット端末を持参してもらい、会場内の二次元バーコードを読み取ってアクセスしてもらいました（レッスン10参照）。

Googleドライブで資料を共有する研究発表会にも参加したことがありますが、Padletの利点はマップやスライド資料をプレビュー画面で確認でき、必要な情報に素早くアクセスできる点です。

2 | 対話の記録と共有

研究発表会の後半には、公開授業や研究発表の内容について各グループで対話の時間を設けました。この対話の記録を本校の教員が各グループのセクションに投稿しました。さらに、対話後に取り上げたい内容をスライドショー（レッスン11参照）で全体に共有し、参加者に発言してもらいました。

最後には、参加者の「今の気持ち」をAI画像生成（レッスン07項目10参照）で表現してもらい、アンケートフォームに記入していただきました。このように、Padletをポータルサイト的に活用することで、大人数が参加する研究会でもインタラクティブなやり取りを実現できました。

chapter 5 学校行事・校務での活用事例

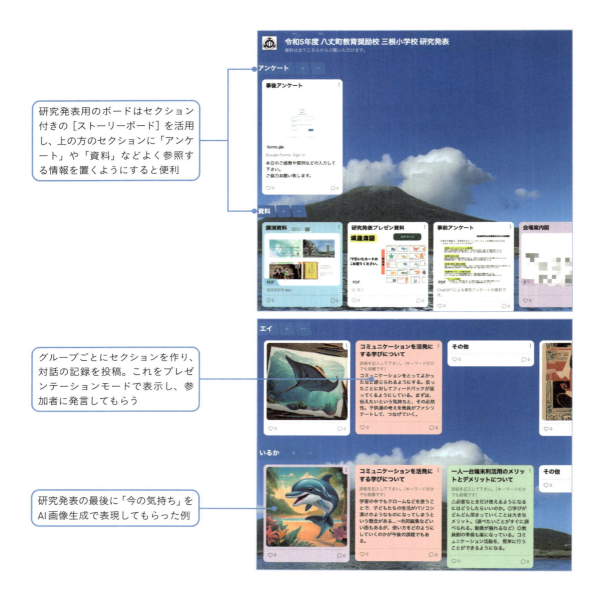

研究発表用のボードはセクション付きの［ストーリーボード］を活用し、上の方のセクションに「アンケート」や「資料」などよく参照する情報を置くようにすると便利

グループごとにセクションを作り、対話の記録を投稿。これをプレゼンテーションモードで表示し、参加者に発言してもらう

研究発表の最後に「今の気持ち」をAI画像生成で表現してもらった例

3 ｜ Padlet活用への興味を引き出す

さらに、研究発表会を通じて参加者にPadletを実際に触れてもらう機会を設けたことで、このツールに対する関心が高まりました。会の後には近隣の学校の先生がPadletを活用した授業を実践してくださるなど、新たな活用が広がりました。

新たなICTツールを紹介する際、「知っている」から「使ってみる」へのハードルが高いのが現実です。こうした機会をうまく活用し、実際に使ってもらえる仕掛けを作ることが重要です。Padletを活用した研究発表会は、その良い例となりました。

第6章

校内活用の広げ方

本章では、Padletを起点とし、どのようにして教育現場にICTツールやリテラシーを浸透させれば良いのかについて解説します。Padletを超えた話もありますが、広く上記のようなリテラシーを校内に根付かせるためのヒントにしていただけると幸いです。

chapter

6

Lesson 55

Padletの校内への広め方

Padletを校内で普及させるためには、まず教員自身が使いこなすことが重要です。本章では、その普及のステップとポイントについて具体的に説明します（文／二川佳祐）。

1 | できることを、できる人から、できるサイズで

Padletを校内に広めるためには、レッスン51の「校務で使ってこそ授業に活きる」でも述べたように、まずは教員たち自身が「これいいね」と感じることが大切です。新しいツールや技術を他の教員たち、さらには子どもたちに薦めるためには、まず自分がそれを日常的に使い、その良さや使い方をしっかり理解する必要があります。普段使わないものを子どもたちに薦めるのは誰にとっても怖いことでしょう。自分が自信を持てないものを薦めることには不安がつきまとうからです。

実際に、何かを他の人に薦める際には、そこには必ず責任が伴います。例えば、友人に美味しいレストランを薦めた際に、もしその料理が期待外れであれば、その友人からの信頼が揺らぐかもしれません。同様に、教員が子どもたちに何かを薦めるときも、その責任は軽くありません。だからこそ、教員自身がPadletを使って、その価値を実感することが何よりも重要です。自分が良いと感じたからこそ、自信を持って薦めることができ、その結果、子どもたちにもその良さが伝わります。

まずはできることを、できる人から、できるサイズで進めていくことが肝です。そのために、校務でPadletを日常的に使うことから始めましょう。校務で使うことができれば、教員たちは自然と使い方を覚え、その便利さを実感することができます。

筆者の所属する学校では、校内研究においてPadletを積極的に活用しており、これが多くの先生にとってPadletの最初の体験となりました（レッスン52参照）。さらに、学年の情報の蓄積や共有に利用したり、レクリエーション活動で使うなど、さまざまな場面で活用することができます。例えば、アイデアを共有する場面や、学年全体での情報交換のツールとして使うことで、その利便性を広く知ってもらうことができます。

こうした取り組みを通じて、教員たちの「Padletを使う」という行動に対する心理的なハードルを徐々に下げていくことができます。一度使い方を理解し、その便利さを実感すると、「もう一度使ってみよう」「あれにだったら使えるんじゃないか」と思うようになるものです。しかし、一気にすべての教員が使いこなせるようになるわけではありません。Padletだけに限りませんが、新しいものの普及には時間がかかります。焦らずに、一歩ずつ、一人ひとりにその価値を伝えていくことで、やがて文化として根付いていきます。

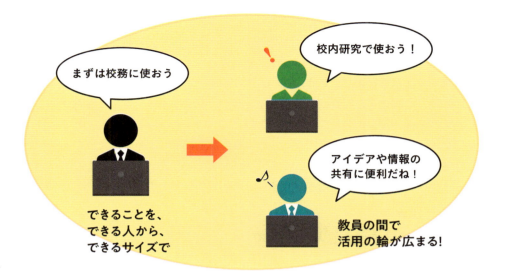

さらに、Padletの利用を促進するためには、管理職やリーダーシップのあるICT担当教員からのサポートも欠かせません。校内のリーダーが率先してPadletを使い、その使い方を他の教員たちに教えたり、サポートしたりすることで、他の教員も安心して利用できるようになります。管理職がPadletの導入に対して理解を示し、積極的に活用する姿勢を見せることで、校内全体に前向きな風潮を作り出すことが可能です。これにより、Padletの導入がたんなる一時的な流行ではなく、長期的に根付く文化となっていくのです。

2 ｜ Padletで教員間のコミュニケーションと協力を促進

Padletは、たんなる情報共有のツールにとどまらず、コミュニケーションを活性化し、教員たちの協力を促進する力を持っています。例えば、校内研修やワークショップでPadletを使うことで、参加者全員の意見を簡単に集約し、その場で共有することができます。これにより、研修の効果が高まり、全員が参加する意識が芽生えます。さらに、Padletを使

って学校行事のアイデアを募集したり、教育目標の策定における意見交換の場としても活用することができるかもしれません。いろいろな形でPadletを使うことで、教員たちの共同作業がよりスムーズに進み、学校全体の一体感も強まります。

Padletを広める際には「できることを、できる人から、できるサイズで」進めていくことが大切です。無理に全員に同時に使わせようとするのではなく、まずは興味を持った教員たちから始め、その輪を徐々に広げていくことが大切です。「使ってみたい」と思う先生たちが最初のステップを踏み出し、その良さを実感し、他の教員たちにその価値を伝えることで、自然と校内全体に広がっていきます。そして、文化が根付いたとき、Padletはたんなるツールではなく、日々の教育活動を支える欠かせない存在となるのです。

3 | コツコツ続ければ、やがて校内文化として根付く

新しいことを始める際には、最初のステップで失敗することや、思ったように広まらないことがあっても、それを恐れずに挑戦し続けることが大切です。そして、その挑戦を支えるのは、まずは自分が使ってみて「これなら良い」と感じること。それが周りの教員たちに、さらには子どもたちにまで広がり、新しい文化として根付いていくのです。

最初は小さな一歩でも、それを積み重ねることで大きな変化が生まれます。Padletを校内に広げるためには、まずは日常の中で使うことから始め、その便利さや楽しさを共有すること。そして、少しずつ使う場面を増やしながら、教員たちや子どもたちの間に自然とPadletを取り入れる文化を育てていきましょう。

ゆっくりと、しかし確実に、Padletを使った教育が校内に根付き、子どもたちの学びをより豊かなものにすることを目指していきましょう。

少しずつ使う機会を増やしながら、自然に学校全体にPadlet文化が根付くよう育てる

Lesson 56 「知らない」を「知る」に変える

「知らないことは検索できない」という言葉が示すように、まずは知ることが大切です。本レッスンでは、好奇心を持ち続け、新しいことを学ぶことの重要性について考えます（文／二川佳祐）。

1 | 知ることの重要性

「知らないことは検索できない」という言葉を、筆者はある方から教えてもらいました。これは、何かを探したり学んだりするためには、まずその存在を知っていることが必要だという、非常にシンプルでありながら深い真理を示しています。知らないものは名前もわからず、調べる手がかりすら得られません。

例えば、包丁を一度も握ったことのない人に「千切り」をしろと言っても、それがどのような形であるかさえ想像することはできません。そもそも「千切り」という言葉を漢字で変換することすらできないかもしれません。同じことがICTの世界でも言えます。ICTという言葉やアプリ名、技術の名前を知らなければ、その存在に気づくことすらできません。例えば子どもたちは「Ctrl＋V」（コピーされた内容をペーストするショートカットキーのこと）なんて最初は知りません。それと同じです。そして、アプリや技術があることを知らなければ、それを活用することも不可能です。

知らないことと知っていることの間には大きな溝があります。その溝を埋めるためには、まず「知ること」が重要です。知っていればできること、学べることがたくさんあるのに、知らないだけでその機会を逃してしまうことは非常にもったいないことです。「検索できる」というのは知識の第一歩ですが、その前段階として「知っている」ことがなければ検索自体が成り立ちません。だからこそ、まずは「知ること」が大切であり、知らないことを少しでも減らしていくことが重要です。

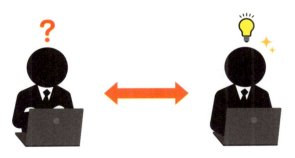

知らなければ、活用することも学ぶこともできない……

知っていれば、活用することも学ぶこともできる!

2 ｜ 学び続けるために好奇心を持つ

ここで重要なのは、すべてを知る必要はないということです。私たちはすべてのことを完璧に知っているわけではなく、未知のものに出会うたびに学び続けてます。大切なのは、好奇心を持ち続けることです。この本を手に取っているあなたは、きっと好奇心旺盛で、新しいことを知ることに積極的な方でしょう。そのような姿勢を保ちながら、さまざまなことに対してアンテナを高く持っていただきたいと思います。

例えば、子どもたちに何かを教えるときにも同じことが言えます。「千切り」のような具体的な経験をしたことがない子どもに対して、その方法を教えるためにはまず「千切り」とは何かを理解してもらう必要があります。同様に、ICTや新しい学びのツールについても、子どもたちがその存在を知り、どのような可能性があるのかを理解するところから始めることが大切です。子どもたちに「Ctrl＋V」を知ってもらうことが一歩目です。そして、それらの技術を使って何ができるのかを見せることで、彼らの学びへの興味や好奇心を引き出し、新しい知識を獲得するための扉を開くことができます。

未知のものを知るということは、0から1を生み出す行為です。0なのか1なのか、その違いはとても大きなものです。何も知らない状態から、何かを知っている状態へと進むことで、それまで閉ざされていた可能性の扉が開かれます。そして、その一歩が次の学びへとつながり、さらなる成長を促します。

3 ｜ 知ることがもたらす可能性

さらに、私たちが知らないことを学び続ける姿勢は、子どもたちにも良い影響を与えます。大人が学ぶことを楽しみ、新しいことに挑戦する姿を見せることで、子どもたちも自然と学ぶことへの興味を持つようになります。例えば、新しいアプリの使い方を一緒に学んだり、新しい料理に挑戦したりすることは、親子の絆を深めるだけでなく、学びに対するポジティブな姿勢を育てる機会ともなります。

「知らない」という状態を「知る」に変えることで得られるメリットは計り知れません。それはたんなる知識の増加にとどまらず、新しいことに挑戦する勇気を育むものです。また、知ることで得た情報をもとに、他の知識と組み合わせ、新たな発見やアイデアを生み出すこともできます。これこそが『藤原和博の必ず食える1％の人になる方法』（東洋経済新報社）の著書の藤原さんのいう「情報編集力」の育成であり、これからの時代に必要とされるスキルです。

教育現場で、この「情報編集力」を育てることが求められています。子どもたちが情報を受け取るだけでなく、それをどう使うか、どう組み合わせて新しい価値を生み出すかを考える力を育てることが重要です。そのためには、まずは子どもたちに多くの選択肢を与え、興味を引き出し、知らないことを知る楽しさを教えていくことが必要です。そして、知ったことを自分の中で再構成し、新たな形で表現することで、学びの深さと楽しさを実感させることができます。

好奇心を持ち続け、「知らない」を「知る」に変える。それが教育の場でも、日常生活でも重要な姿勢です。まずは、知らないことを1つずつ減らしていきましょう。そして、新たに知ったことを積極的に使い、組み合わせ、私たち自身や子どもたちの成長につなげていくことが大切です。あなたがこの本を通じて新しい知識を得ることが、次のステップへの一歩となり、それが子どもたちにとっても教員自身にとっても未来における多くの可能性を開くことを願っています。

知ることは、可能性を広げることです。それは、今までできなかったことができるようになる喜びであり、未知の世界に踏み出す勇気でもあります。0から1に変えるその一歩が、あなたや周りの人々にとって、より良い未来を切り開く鍵となるのです。そのために、これからも好奇心を大切に、知らないことを楽しみながら、新しいことに挑戦していきましょう。

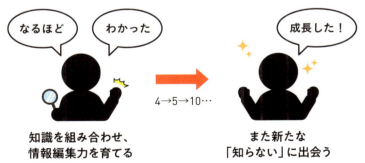

Lesson 57

Padletだけに固執しないマインド

Padletは教育において強力なツールですが、他の学習支援ソフトやサービスと組み合わせることで、子どもたちに多様で豊かな学びを提供できます。本レッスンでは、Padletに限らず、さまざまなツールを活用する重要性について考えます（文／二川佳祐）。

1 | ICTツールを組み合わせ、最適なアウトプットを

Padletは素晴らしいアプリケーションです。これまで述べてきた通り、Padletだけで授業における多くの活動が可能です。情報や意見の共有、ディスカッション、グループワークの成果発表など、さまざまな場面でその威力を発揮します。Padletを使いこなすことは、確かに教育の深みを出すことにつながり、1つのツールを極めることは教員としてのスキルアップに直結します。しかし、一方でその便利さに頼りすぎると、思考がマニアックになり、排他的な考え方に陥る危険性もあります。

子どもたちのタブレットには、Padlet以外にも多くの学習支援ソフトやサービスがインストールされています。これらを組み合わせ、どれが最も適切な方法かを選びながら使うことが、現代の教育においてはとても重要です。例えば、Padletで意見を集約した後、それをGoogleスライドでまとめて発表資料にすることもできます。また、Kahoot!でクイズを作ることもできます。また、Canvaで動画にしてアウトプットすることもできるかもしれません。このように、さまざまなツールを組み合わせて活用することで、子どもたちの学びの幅が広がり、より深い理解や創造性を育むことが可能になります。

大人もスマートフォンでさまざまなアプリやサービスを組み合わせて使うように、本当に大切なことは「選んで」「組み合わせていく」ことです。これは、前レッスンでも伝えた「情報編集力」を身につけることに他なりません。私たちは、子どもたちに単一のツールを使いこなす技術だけでなく、必要に応じて最適な手段を選び、効果的に組み合わせて活用する力を育てるべきです。それは、将来、社会に出てからも必ず役に立つ力となるでしょう。

2 | 大人の選択肢は子どもの選択肢になる

Padletは、使い方次第で多くの可能性を持つ素晴らしいツールですが、同時に他のツールも積極的に取り入れていくことが大切です。Padletだけで完結するのではなく、他の選択肢を視野に入れることで、より豊かな学びを提供できます。この「選択肢を持つ」姿勢こそが、子どもたちに多様な学びの機会を提供する鍵です。

そのためには教員たち自身が「新しいことを知る」ことに貪欲になり続けましょう。もっと知りたい、こんなことできないかな、もっとこうなればいいのに、などの考えを持ち続け、自分の授業もサービスも改善し続けることができる当事者であることが一番大切です。

教員が持つ選択肢は、そのまま子どもたちが持つ選択肢となります。1つの方法やツールに固執せず、さまざまな情報を持ち続けましょう。そしてその情報を編集し、組み合わせ、子どもたちに提供することで、彼らの成長を最大限にサポートすることができるのです。Padletをはじめとした多くのツールを活用し、最適な学びの場をともに作り上げていきましょう。

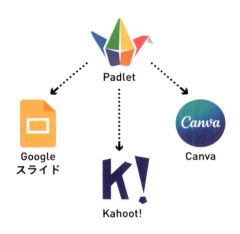

Padletの素材を他のツールで編集する

アウトプットから
情報編集力を育てる!

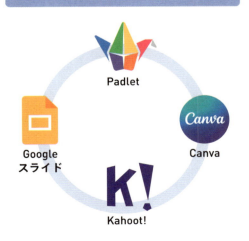

Padlet以外のツールを組み合わせる

選択の自由から
情報編集力を育てる!

学びを彩る！
Padletのデザインとカスタマイズ性

PadletはUIが優れていることも魅力です。低学年の子どもでも直感的に使えるUIの魅力を補足しておきます（文／古矢岳史）。

Padletボードを作成する際、タイトルや説明文はもちろん、壁紙やアイコンに至るまで、細かくカスタマイズできることは大きな魅力の1つです（レッスン08参照）。GIGAスクール構想の推進により、多くの学習支援ソフトやICTツールが導入され、その機能や工夫には驚くべきものがたくさんありました。しかし、Padletほど直感的にデザインを調整し、自由度の高いコミュニケーションツールはありません。

筆者が特に気に入っているのは、Padletボード内の画像検索機能を活用し、背景を簡単に変更できる点です。例えば、Googleフォームのデザインをカスタムする場合、既存のイラストは選択肢が限られ、画像をアップロードする手間を考えると、結局デフォルトのまま使用してしまうことが多いのではないでしょうか。一方、Padletでは、ボードのテーマに合わせて画像検索し、適した背景をすぐに設定できます。

例えば、書写の「ひまわり」の課題を扱う際、背景をひまわりの画像に設定しておくだけで、子どもたちは書き始める前に自然とひまわりの色や生き生きとしたイメージを共有できます。また、本書の実践事例にもあるように、学級活動でのPadletボードの背景をクラスの写真にしたり、ゲストティーチャーへのお手紙のボードに授業風景の画像を設定したりすることで、活動への愛着が深まり、自分事として捉えやすくなります。

見た目やデザインが学習に与える影響は大きく、環境設定の工夫によって子どもたちの意識や取り組み方が変わることもあります。ぜひ、その美しさと使いやすさも楽しみながら、Padletのボードの世界を楽しんでください。

第 **7** 章

デジタル・
コミュニケーションの要点

Padletを使ったデジタル・コミュニケーションのポイントについて解説します。伝わる書き方・共有の工夫・効果的なフィードバックなど、デジタル・ツールを活かし、子ども同士の学び合いや円滑な対話を促進する実践的な方法を紹介します。

chapter

7

Lesson 58

Padletで豊かに広がる、コミュニケーションの幅

Padletが生み出す相互評価によってコミュニケーションが深まり、子どもたちの学びは劇的に豊かになります（文／古矢岳史）。

1 | 他者とのコミュニケーションの広がり

下図は総合的な学習の時間で子どもたちが発表活動をした後に、その発表の感想を［ストーリーボード］フォーマットのPadletボードでシェアしている場面です。

他の学習支援ツールでも同様のシェアが可能ですが、多くのツールでは、教員が許可を与えてから他の子どもたちの投稿が見られる設定になっています。

一方、Padletでは投稿やコメント、リアクションがすぐに表示されるため、ボード上でのコミュニケーションがすぐに始められます。また、子どもたちはリアクションが返ってくることを楽しみにしているため、しっかりとした内容を投稿しようとする意欲が高まります。そして、友達のリアクションに対してさらにアクションしたくなるため、他の子どもたちの投稿やコメントをよく見て理解しようとするようになります。教室は良いリアクションにより、温かい雰囲気になります。

教員の立場から見ると、子どもたちが自力解決しながら考えを共有し、学習のアーカイブをスムーズに確認することができるというメリットも大きいです。

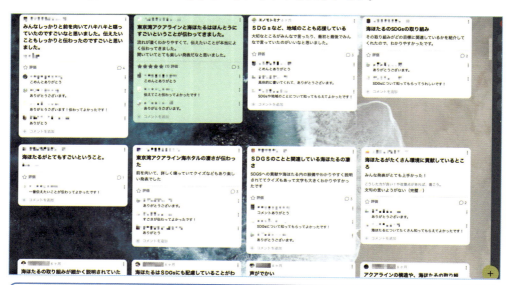

発表会活動の感想をPadletの［ストーリーボード］に投稿してもらう。友達からのリアクションが楽しみになり、活発なコミュニケーションが促進された

2 | アウトプットの質の向上

図は小学校6年生の同じクラスで、国語の学習で使用したPadletボードです。自分の考えを投稿し、そこにクラスの子どもたちがコメントやリアクションを返しています。
上図が学期の前半、下図が後半におけるPadletボードの様子です。
友達の投稿に対するコメントの仕方を「自分と友達の考えの違いを明確に書く」や「自分の考えにはない新たな発見を書く」など教員が丁寧に指導することで、具体的な視点でのフィードバックを学び、子どもたちは意識してリアクションを行うようになりました。その結果、アウトプット量も自然と増えていきました。

学期の前半に寄せられたコメントの例。短文が多く、具体的な事柄には言及されていない

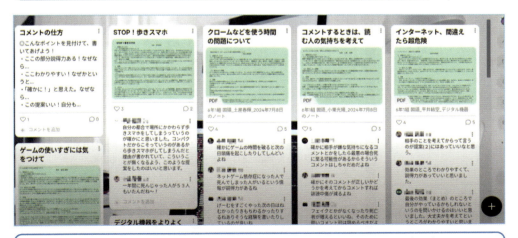

学期の後半に寄せられたコメントでは、より具体的な「違い」や「発見」が長めの文章で書かれている。指導のやり方を工夫することで、Padlet上でアウトプットの質を高められた例

3 ｜自分自身とのコミュニケーションを広げるPadlet

Padletを使ったコミュニケーションの広がりは、他者とのやり取りにとどまらず、自分自身や自分の学びと向き合う機会も増やします。

自由進度学習など、子どもたちに委ねる学習形態を展開する際、学習の振り返りを大切にしている先生方は多いと思います。Padletボードで振り返りを行うと、毎回の学習記録が残り、視覚的に見やすく整理されるため、自分の学びの履歴を振り返ることができます。下図は、［ストーリーボード］フォーマットのPadletボードに投稿された、算数の自由進度学習における1人の子どもの振り返りです。この学習活動では、授業の冒頭に必ず前回の良い振り返りをクラス全体にシェアしていました。その結果、振り返りの質と量が自然と向上していきました。

こうした振り返りのワークシートを1から作成する場合、記述スペースの大きさや書けない子どもへのアプローチなど、考慮する点が多くなります。しかし、Padletボードを使えば、入力した文字数に合わせて投稿ボックスが調整されるため、授業準備に頭を悩ませる必要がありません。自由進度学習や問題解決型学習（PBL：Project Based Learning）で求められる「自己調整能力」を向上させるためにも、Padletを使った振り返りは非常に有効な方法であると筆者は強く感じています。

> 振り返りしやすいように、投稿フィールドの設定でカスタムフィールドを作成しておく（レッスン08項目3参照）。ここでは「今日取り組むこと」「何問中、何問正解した？」「できた理由・できなかった理由を書こう！」と設定し、何を書いたら良いのかすぐにわかるよう工夫した

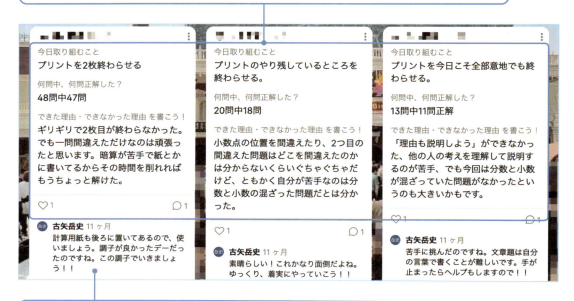

> 子どもたちの振り返り1つひとつに対して、最後に教員からのコメントを書いてあげると効果的

考察 指導のポイント①

Lesson 59

Padlet と学習指導

Padletはデジタル・コミュニケーションの基礎から応用発展まで学ぶ環境
としてはうってつけです。ここからは4つのレッスンに分けて、Padletでど
のような指導を行い、学びを深められるのかを考察します（文／豊福晋平）。

1 | そもそも……学校でわざわざ学ぶべき？

GIGAスクール構想によって学習者の1人1台情報端末の利用が定着したことで、これまでは
もっぱら口頭・手書き・紙媒体で行われてきた校内のやり取りも、デジタルで行う機会が
増えてきました。教育指導的な賛否議論は別としても、場所・時間・紙媒体に束縛されな
いデジタル・コミュニケーションの特性、利便性の高さ、膨大な情報量が学校教育に与え
る影響は決して小さくありません。

例えば、先生が授業中に説明（情報伝達）のために費やす時間を子どもたちの話し合いや
作業に振り分けることで、受け身になりがちな授業展開を活動中心に変えることができま
す。板書を手書きでノートに書き取るだけのような単純な作業時間をもっと深い思索に割
り振ることもできます。

デジタルの手段を効果的に用いることで、これまで以上に児童生徒の学習経験の総体ややり
取りの質が問われるようになれば、コミュニケーションの要となるプラットフォーム
Padletが果たす役割はますます大きくなるでしょう。

では、学習活動の中で扱うデジタル・コミュニケーションそのものをわざわざ学校で学ぶ
べきでしょうか？　答えはもちろんYesです。

日常生活で子どもたちは大人たちが想像するよりずっと早く、勝手に（ときに偶発的に）
ネット・デビューしています。例えば、ゲームのチャットや動画共有サイトのコメント欄
など、デジタルのやり取りは身近で簡単そうですが、大人も使う公開の場所を共有すれば、
当然リスクやトラブルも生じます。また、やり取りが増えれば友達とのもめごとや心配ご
とも起こります。

デジタル・コミュニケーションの基礎では、学校でも普段の生活でも、安心・安全に、楽
しく円滑なやり取りができるようなセンスと常識を磨き、その場に応じた役割と責任が担
えるように促します。その基本的な扱いに学校か家庭かの違いはありません。

学校でのデジタルのやり取りが当たり前になれば、子どもたちのスキルの凸凹も底上げが
期待できます。Padletを適切に設定して運用すれば、見守りのある保護された環境で存分
に試行錯誤しながら、場合によっては小さな失敗も糧にして、自身の経験を着実に積むこ
とができるのです。

chapter

7

デジタル・コミュニケーションの要点

203

2 | デジタル・シティズンシップと責任のリング

GIGAスクール構想の普及とともに、かつての利用抑制的な「情報モラル」ではなく、活用に踏み込んだ「デジタル・シティズンシップ[※1]」の必要性が問われるようになりました。デジタル・シティズンシップとは「デジタル技術の利用を通じて社会に積極的に関与し参加する能力」（欧州評議会、2020）のことを指します[※2]。デジタル・シティズンシップの教育にあたっては、安全・責任・相互尊重の3つの原則に則り、子どもたちの生活環境や発達段階に応じて自律と課題解決を促す教材が用いられます。

私たちがよく引用する「責任のリング」の図を使って、Padletの利用と展開について考えてみましょう（下図）。責任とは簡単に言えば「自分や相手に対してしなければいけないこと」です。責任のリングは図の通り、私（わたし）、共（身近な人々）、公（見知らぬ人々や世界）の3重円で示し、これで自分の行為が影響を及ぼす範囲を考えるモデルとします。

責任のリング

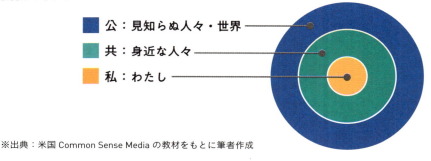

※出典：米国 Common Sense Media の教材をもとに筆者作成

このモデルのポイントは主に2つ。

① 現実世界の責任はおおむね共（身近な人々）に対して生じますが、デジタルの世界では一番外側の公（見知らぬ人々や世界）までを意識する必要があるということ。
② 責任とは、受け身で負わされるものというより、むしろ、積極的に役割を担って自分が広く影響を与えうるものと捉える、ということです。

責任のリングとPadletのシンプルな見取りは次のようなものになります。

責任の範囲	Padletの手段	使用例
私	ツール	自分のためのメモや記録
共	コミュニケーション	先生・グループ・クラスメイトとの情報交換
公	メディア	自分が直接知らない相手とのやり取り

これらの展開は学年や発達段階に応じて私から公へ徐々に拡大し、それぞれの領域での扱い方もまた高度化します。

3 ｜ 内海から外海へ

世間一般に提供されるSNS（ソーシャル・ネットワーキング・サービス）は、基本は大人が扱うもので、広く公開されていて、半永久的に持続される、という暗黙の前提があります。

SNSを利用し続けるということは、書き込んだ内容や行動の履歴が「デジタル足跡」として残ること、投稿内容が時に炎上したり誹謗中傷が書きこまれたりすることなど、SNSの特性やリスクとも折り合いをつけていかねばなりません。

幼い子どもたちがこうした世界にいきなり足を踏み入れるのは望ましくありませんが、学校卒業まで校内では一切扱わせることなく、起こった事案はすべて校外の厄介ごとのような教え方をするのも考えものです。

生活にますます普及するデジタル・コミュニケーションを成長の過程にどう馴染ませたらよいか。学校教育の場で必要なのは、保護され見守りのある内海（学校のSNS）でホンモノの経験と工夫を積み重ね、外海（大人向けのSNS）へ出ていく準備をすることです。

子どもたちの経験をホンモノにする条件としては次の4つがあります。

- **受動的参加者から積極的なはたらきかけへ**
- **匿名ではなく本名で役割と責任を持って**
- **その場限りから持続的なつながりへ**
- **身近な人々（共）から徐々に見知らぬ人々（公）へ**

Padletの柔軟な機能・設定は基本的に大人向けのSNSと同等なので、授業中の限定的な扱いにとどめず、むしろ、4つの条件が十分活かせるような運用を想定しておくことが望ましいでしょう。例えば、本人の行動履歴をすべて残すためには、児童生徒・先生全員分のIDを作成すること、ユーザーの名前は本名を使うこと（ニックネームにしない）、ログイン利用を前提とすることが不可欠です。この先のレッスンでも設定のポイントについて触れます。

※1：デジタル・シティズンシップの学校教材例は、経済産業省 STEAM ライブラリをご覧ください。https://www.steam-library.go.jp/content/132
※2：欧州評議会 (2020) Digital Citizenship Education Trainers' Pack, https://rm.coe.int/16809efd12

考察 指導のポイント②

Lesson 60 デジタル・コミュニケーション事始め 入門期の Padlet

続いて Padlet を導入する際の「入門期」について解説します。ICT ツールの学び始めはどのようなポイントを押さえるべきでしょうか（文／豊福晋平）。

1 | 入門期に子どもたちが学ぶべきこと

デジタル・コミュニケーションの入門期に子どもたちが学ぶべきことは、以下の点に集約されます。

- 現実と同じように、オンラインにも自分（と先生）だけが見られる場所と他の人と共有する場所の区別があること
- 情報を分かち合ったり、フィードバックをもらうことは楽しいこと
- オンラインでの自分の行動はいつまでも残り、共有され、周囲にも影響を与えることを理解すること

入門期の Padlet 用途と各種設定方法

	私（わたし）	共（身近な人々）		公（見知らぬ人々・世界）
場面	場面的に	持続的に	場面的に	
共有範囲	子ども（と先生）	学級で		想定なし
用途	素材・メモ書き（私信）	通知	共有・フィードバック	
プライバシー	シークレット・ログイン	シークレット・ログイン		
訪問者権限	コメンター	読者	コメンター・ライター	アクセスなし
コメント	オン	オフ	オン	
リアクション	いいね	なし	いいね	

この時期は端末やキーボード入力などの操作を覚えることと並行するので、ごく単純な扱いから入るのがよいでしょう。Padletボードのフォーマットは最も一般的な［ウォール］か［ストーリーボード］を使います。責任のリングの「私」と「共」の学級内のみを対象とし、より外の領域は基本的に扱いません。

206

私（わたし）の領域は、子ども（と先生）だけで共有し、共有前の素材やメモ書きを置いたり、「先生あのね」的なやり取りに用います。

共（身近な人々）の領域は、以下のポイントを押さえましょう。

- 先生が「おしらせ」として使う（訪問者権限を［読者］にする、フォーマットは［ストリーム］で）
- 先生が投稿した問いにコメントで応答する（訪問者権限を［コメンター］にする）
- 子どもが各自投稿する（訪問者権限を［ライター］にして、コメントをオフにする）
- 子どもが各自投稿した内容にコメントする（訪問者権限を［ライター］にする）

「おしらせ」以外は授業の都度ボードを作るような運用をしますが、下の項目ほど子どもの自由度が高くなるので、やらかしのリスクも大きくなることは覚えておきましょう。

2 | 先生が投稿やコメントのモデルを示す

場所に応じた相応しい作法があることは子どもたちもよく知っています。その場で大人が行動でモデルを示せば、子どもたちも真似をします。学校でのデジタル・コミュニケーションは、ゲームやプライベート・チャットでの作法とは違って、特に他者への配慮や支持的・建設的であることが求められます。先生自身の投稿や子どもたちの投稿に対する先生のコメントはそれらを示すよい機会です。

3 | 最初が一番難しい

デジタル・コミュニケーション導入期の特徴は、以下の点が挙げられます。

①子どもたちのスキルに著しい格差がある
②保護者や教員側の理解度もまちまち
③初歩的トラブルで授業が中断しやすく、授業実践時の負担が大きい

苦手な先生ほど、何かの授業と抱き合わせて短時間で済ませたい気持ちが強くなりますが、本来なら、初期の導入にこそ「GIGAびらき」などの行事として位置づけ、時間を十分に確保して丁寧に行いたいところです。GIGAスクールの運用は授業のみならず家庭学習にも影響するので、保護者に対する事前の説明も欠かせません。

4 | 初期のやらかしは学びの宝庫

デジタル・コミュニケーションはトラブルばかりだから、子どもに扱わせたくないという意見が必ず出ますが、「必ず一度は起こるが、必要な策を打てば二度目はない」という性質のものがあります。例えば、チャットを解放すると、絵文字やスタンプの連打や罵詈雑言・意味不明の書き込みで埋め尽くされる「馬鹿雲固現象」、共同編集を解放すると、他人の書き込みを勝手に操作したり、上書きしたり、邪魔したりが起こる「上書き合戦」があります。

どちらのケースも、時間的に余裕のない授業時間中に起こると、時間を浪費するうえに、子どもたちが騒ぎ出すので、慌てて止めに入りたくなるのですが、ここはそういうトラブルが起こり得るものと、最初から想定しておくだけでも、気持ちの余裕ができるでしょう。

いずれも初期の一過性のもので、何か書き込むこと自体が面白くて、競い合い、ふざけ合いが起こるのですが、飽きれば自然とやらなくなります。

指導のポイントとしては、いきなり授業課題として取り組むのではなく、お試しで一度存分にやらせてみてから、デジタル足跡が残ることを伝える、クラスの外の人を意識させる（例えば「校長先生や他の先生が後で見るかもしれない」と言う）、心情面（誰かの不愉快さ）ではなく合理的理由を強調する（作業が円滑に進まないと困ってしまう、と言う）ことです。

何ごとも最初が肝心なので、やらかしが起こっても慌てないこと、押さえるべきポイントを逃さないことが大切です。

考察 指導のポイント③

Lesson 61

デジタル・コミュニケーション事始め
見習い期の Padlet

次はPadletを導入した後、より活発な使い方が想定される「見習い期」の
フェーズにおいて、どのような点に注意すべきかを解説します（文／豊福晋平）。

1 | 見習い期に子どもたちが学ぶべきこと

デジタル・コミュニケーションの見習い期に子どもたちが学ぶべきことは、以下の点です。

- ボードの参加者構成に応じて、相応しい作法や役割があることを知ること
- 円滑なコミュニケーションのために、参加者同士の配慮と工夫をすること
- 受け身の参加ではなく、ボードを快適・円滑な維持のために行動すること

見習い期の Padlet 用途と各種設定方法

	私（わたし）	共（身近な人々）		公（見知らぬ人々・世界）
場面	持続的に	持続的に	場面的に	
共有範囲	子ども（と先生）	学級〜他学年	校内保護者まで	想定なし
用途	校内ポートフォリオ	意見調整・共同作業	フィードバック	
プライバシー	シークレット・ログイン	シークレット・ログイン	シークレット・リンク	
訪問者権限	コメンター	ライター・モデレーター	コメンター	アクセスなし
コメント	オン	オン	オン	
リアクション	いいね	いいね	いいね	

子どもたちがキーボード入力に慣れると入力情報量が一気に増加し、用途も多様になります。と同時に、責任のリングの「共」で扱う対象者の幅をより大きなものに設定できるようになります。そのため、たんなる参加者・応答者から、モデレーションや協働作業へ、子どもたちの成長に合わせて、フォーマット（レッスン06参照）やセキュリティの設定（レッスン13参照）を行いましょう。リアルタイムの共同作業にはSandbox（レッスン14参照）が適しています。

私（わたし）の領域では、自らの学習を振り返るポートフォリオとしての位置付けを明確にします。デジタルで残った学習の履歴や作品は、行事ごと（三者面談や学習発表会など）

に資料をまとめ、発表するための素材となります。

共（身近な人々）の領域では、授業場面だけでなく、プロジェクト等で持続的にボードを利用するケースが出てきます。用途に応じてボードごとの参加者構成が変わるので、場合によっては子どもにモデレーターを任せることがあるかもしれません。

2 | クラスメイト以外の参加者とフィードバック

見習い期は、クラスメイト以外とのやり取りを徐々に増やします。他学級・他学年、保護者や担任以外の先生、授業以外の委員会・クラブ活動・プロジェクトなど、多様な参加者や用途機会が増えることで、「その場の目的は何か」「参加者はどんな人々か」「相応しいふるまい・作法はどんなものか」などをそれぞれ考えます。授業参観や外向けの発表会などの機会には、来場者からも「いいね」やフィードバックを受け付けるとよいでしょう。

利用頻度の増加によって、言葉の行き違いや小競り合いの機会も増えますが、誤解を防ぐために言葉を補ったり、あるいは手段を変えてみたり、といった工夫を一緒に考えてみることをオススメします。

3 | ボードの運用管理も子どもの手で

Padletの利用が日常的になれば、子どもたちの役割も変わります。たんなるボード参加者・応答者から、より積極的な関わりとして、議論をファシリテートしたり、投稿を整理整頓したりする役割も自然発生します（もちろん全員ができるようになるわけではありません）。あるいは、子どもたちがモデレーターとしてボードの企画・運用を申し出るかもしれません。これらはオンラインでの役割と責任の担い方を学ぶよい機会になります。

4 | 小さな失敗を経験してこそ学べるもの

テキスト中心のデジタル・コミュニケーションでは、言葉の行き違いや表現の拙さが原因となってトラブルが起こります。これは不可避です。でも、リアルに顔を合わせる相手だからこそ、オンラインの関係も良好に保ちたいという意識が働けば、相手の刺激的な言葉に即反応しない、とか、投稿前に一呼吸置くとか、あるいは、誤解のない表現を互いに工夫する、ヤバそうな雰囲気になったらさりげなくフォローを入れる、といったライフスキルは自然に身につくものです。これらはいずれも経験してはじめて学ぶ性質のものです。もし、小さなリスクやトラブルまでを嫌って、先生が見習い期の経験を全部取り上げてしまったら、子どもたちは学校の中で安全に失敗しながら学ぶ機会を失うことになります。

考察 | 指導のポイント④

Lesson 62

デジタル・コミュニケーション事始め
熟達期のPadlet

最後はPadletの使い方や他者への配慮などさまざまな面において熟達したフェーズで、「公」と接触する際の注意点を解説します（文／豊福晋平）。

1 | 熟達期に子どもたちが学ぶべきこと

デジタル・コミュニケーションの熟達期に子どもたちが学ぶべきことは、以下の点です。

- 自分のデジタル・パーソナリティを適切に形成できること
- 知識構築的なプロジェクトで役割分担や進捗管理のチームワークをすること
- メディア制作を通じて、公にメッセージを発信・フィードバックする経験をすること

熟達期の Padlet 用途と各種設定方法

	私（わたし）	共（身近な人々）		公（見知らぬ人々・世界）
場面	持続的に	持続的に	場面的に	場面的に
共有範囲	子ども（と先生）	学級〜 外部協力者	校内保護者〜 外部協力者	校内〜来校者
用途	学習ポート フォリオ	チームワーク	フィードバック	地域発表・資料配付
プライバシー	シークレット・ ログイン	シークレット・ ログイン	シークレット・ リンク	公開
訪問者権限	コメンター	ライター・ モデレーター	コメンター	読者・コメンター
コメント	オン	オン	オン	オフ・オン
リアクション	いいね	いいね	投票・星評価	いいね

熟達期のデジタル・コミュニケーションは責任のリングの私・共・公すべてを網羅します。これらを学校の学びで支えることは非常に重要です。子どもたちのパーソナリティ形成と社会的なはたらきかけに大きく影響するからです。Padletのボードを［公開］設定にすることで、子どもたちのメッセージを見知らぬ人々に向けて届けるフォーマルなメディアに仕立てることができます。

公（見知らぬ人々・世界）の領域へのアプローチは、子どもたちにとっての大きな挑戦です。フォーマルなメディア様式や作法に則って作品を制作すること、著作権や肖像権との

chapter

7

デジタル・コミュニケーションの要点

211

調整や許諾を行うこと、外からのフィードバックに応えることなどの課題を1つひとつ解決することが子どもたちの実践力アップにつながります。

2 | デジタル人格の形成

デジタル・コミュニケーションでは、SNSプラットフォームやIDを使い分けることでさまざまなデジタル人格を演じ分けられます。学校のPadletもまたそのデジタル人格のひとつ。私（わたし）の領域で蓄積した素材を、入学試験や面接など公（見知らぬ人々・世界）の領域でポートフォリオとしてどのように見せるのか、見せたい自分とは何かが問われます。

3 | 外部協力者とのプロジェクト

時間や場所の制約を乗り越えるデジタル・コミュニケーションは、学校外の協力者や学術研究者と協働する手段としても役立ちます。地域活動や知識構築を目標としたプロジェクトで問いを深めたり、分担して作業を進めるために、子どもたちの手で企画・運用・進捗管理ができるような仕組みづくりが求められるでしょう。

4 | 各フェーズのまとめ

これまでのレッスンを通じて、入門期・見習い期・熟達期の3つのフェーズを想定した、Padlet活用の指導法を考察してきました。デジタル・シティズンシップの「責任のリング」の私・共・公になぞらえて、それぞれのフェーズには特有の目標や課題がありますが、実際には一貫してつながっていることがおわかりいただけるでしょう。つまり、入門期で学んだ基礎は見習い期のコミュニケーションに活かされ、見習い期での協働作業は熟達期での高度なプロジェクト活動に発展します。重要なのは、これらのフェーズを通じて学ぶスキルが、たんなるツールの操作で終わることなく、「社会における責任」を実践する力に直結している点です。

最初の失敗や試行錯誤を恐れず、子どもたちが主体的に学び、挑戦し、成長できる環境を整えることこそ、学校教育におけるデジタル・コミュニケーション導入の意義であるといえます。Padletを活用した本レッスンが、教育現場での実践の一助となれば幸いです。

おわりに

　これまで数多くのICTツールを使ってきましたが、ここまで自由度が高く、直感的に使え、双方向のコミュニケーションが取れるツールはない——Padletに触れるたびに、私はそう実感しています。また、驚いたことは、学年を問わず子どもたちがスムーズに使いこなしていることです。

　そんな中で、現場の先生方から「Padletの基本操作を、誰に聞けばいいのか」「もっと具体的な活用事例を知りたい」という声を多く耳にするようになりました。

　Padletの確かなニーズを感じ、これまでの実践や学びを凝縮し、一冊にまとめたいと思いました。こうして生まれたのが、本書です。たんなる解説書にとどまらない、奥行きのある一冊に仕上がったと感じています。

　この本を手に取っている皆さんなら、すでに「こんな活用ができるのでは？」と多くのアイデアが湧き出しているのではないでしょうか。ぜひ、この本を足がかりに、Padletの活用を広げてくださったら嬉しい限りです。

　特に、言葉でのコミュニケーションが苦手な子どもたちにとって、Padletは「考え」や「想い」を表現する強力なツールになります。学びを可視化し、共有することで、子どもたちが互いに刺激を受け、ワクワクする学びをつなげていくことを願っています。

　本書の執筆にあたり、企画段階からPadlet CEOのNitesh Goelさん、Zareen Poonen Levienさん、株式会社インプレスの今村享嗣さんに多大なるご協力をいただきました。また、快く共著を引き受けてくださった豊福晋平さん、海老沢穣さん、二川佳祐さん。Padletを活用した学びをともに日々実践し、執筆協力をいただいた、川畑伊豆海さん、照井由夏さん、渡邉珠美さん、冨宅剛太さん、森和哲さん、丸山大貴さん、石井恵梨さんをはじめとする八丈町立三根小学校の教職員の皆様に、心より感謝 申し上げます。

　皆さんとともに本書を作り上げ、届けられたことの喜びは、何にも代えがたい経験となりました。そして、この本を手に取ってくださった皆さん。皆さんと関わる子どもたちが、より楽しく、自由に学びを深めていける未来を、心から願っています。

著者陣を代表して　古矢岳史

Padlet CEOからのメッセージ

　私は学校で15年間を過ごしましたが、そのほとんどは先生の話を黙って聞いているだけというものでした。あまりにも退屈で、正直なところ、頭がしびれてしまいそうでした。想像してみてください。5歳、10歳、そして15歳の子どもたちに、大親友の隣に座りながら1日6〜8時間も、ほとんど口をつぐんでいなさい、と求めるのですから。

　ここ100年ほどに出版された自己啓発書は、異口同音に「人の心を動かすには、まずは相手の話をよく聞くことが大事だ」と説いています。ところが、私たちの教育の場では、そうした知恵がなかなか生かされていません。

　私が思うに、教室というのはもっと生き生きした場所であるべきです。会話や協働、好奇心がはじけるような活気に満ちていてほしいのです。もっとパチンコ店※1のように賑やかで、神社のように厳かで静まり返った場所である必要はありません。子どもたちは生来、社交的な存在です。話し合い、共有し、交流することで、より深く学びを得るのです。

　大切なのは、テストの点数や成績表の数字を上げることではありません。教室で過ごす時間を、もっと有意義で楽しいものにすることこそが重要です。

　教育はときに「未来のための犠牲」として扱われることがあります。しかし、教育とはたんに将来への準備ではなく、それ自体がかけがえのない人生の一部です。私たちは人生の4分の1を学校で過ごすのですから、子ども時代をずっと退屈で終わらせてしまうのはあまりに惜しいと思いませんか。

　そんな教育の現場で、Padletが少しでも協働的で創造的、そして楽しい学びの手助けになっていると知ると、私はこの上ない喜びを感じます。特に日本で使われていると聞くと、一段と感慨深いものがあります。というのも、Padletのアイデアを思いついたのは、茨城県の岩間道場※2で内弟子として暮らしていたときのことだからです。

古矢さん、この本を書いてくださってありがとうございます。まるで故郷に戻ってきたような、懐かしくも特別な気持ちでいっぱいです。このご縁に、心から感謝いたします。

ニテーシュ・ゴエル

サンフランシスコ在住のソフトウェアエンジニア兼デザイナー。Padletの創業者であり、現在CEOを務める。

※1：この表現は日本に滞在経験のあるゴエル氏の目から見た「賑やかさ」を端的に表したもので、ギャンブルを推奨しているわけではないことにご注意ください
※2：ゴエル氏は、茨城県笠間市（旧岩間町）にある合気道の茨城支部道場で稽古をした経験があるとのこと

著者プロフィール

古矢岳史（ふるや・たけし）

練馬区立石神井台小学校 主任教諭。BEAT主宰。viscuitファシリテーター。「教育者が無理なく利活用できる」「学習者がツールとしてハイテク、アナログを選択できる」そんな環境を整えられるよう、日々考え、実践している。全ての人が「テクノロジーとサイエンスの善き使い手になること」を目指して発信を続けている。未来を創る子ども達を育てる教育者の「鼓動」を繋ぐイベントBEATを隔月で開催。共著に『いちばんやさしいGoogle for Educationの教本』（インプレス）がある。
https://m.facebook.com/beatforthefuture/

二川佳祐（ふたかわ・けいすけ）

練馬区立石神井台小学校 主任教諭。東京学芸大学卒業、教壇に上がる傍ら、「教育と社会の垣根をなくす」をビジョンとするコミュニティ「BeYondLabo」や、地域に根ざしたGoogleの教育者グループの「GEG Nerima」を主宰。そのほか、夏休みを利用して「先生インターン」のプロジェクトにも参画。2021年9月に共著『いちばんやさしいGoogle for Educationの教本』（インプレス）を出版。その他共著多数。習慣化のマニアで、朝の早起きを8年以上継続中。これまで6年間、教員だけではなく様々な職種の大人の習慣化の伴走をする『BeYond Labo マイチャレンジサロン』を運営している。Padletだけに限らず、Canvaの認定教育者のTeacher Canvassodor、ミライシードのコミュニティマネージャーなど様々な会社と連携しながら公立小学校のICT推進を図っている。

海老沢穣（えびさわ・ゆたか）

一般社団法人 SOZO.Perspective 代表理事。特別支援学校の教員を25年務め、アーティストとのコラボレーションやICTの積極的な活用を行い、子どもたちのアイデアや表現を引き出す授業実践に取り組んだ。現在は教育委員会や学校主催のICT活用研修講師や特別支援学校の外部専門家として、授業デザインの提案や助言、ワークショップなどを行っている。新渡戸文化学園 NITOBE FUTURE PARTNER、NHK for School「ストレッチマンGO！」番組委員。主な著書に『iPad×特別支援教育 学ぼう、遊ぼう、デジタルクリエーション』、『シーズ（アプリ活用）とニーズ（授業展開）でわかる！特別支援教育1人1台端末活用実践ガイド』（以上、明治図書）などがある。

豊福晋平（とよふく・しんぺい）

国際大学グローバル・コミュニケーション・センター（GLOCOM）主幹研究員・准教授

一貫して教育情報化をテーマとして取り組み、近年は北欧諸国をモデルとした学習情報環境（1:1/BYOD）の構築とデジタル・シティズンシップ教育の普及に関わる。

日本デジタル・シティズンシップ教育研究会JDiCE共同代表理事、国立教育政策研究所評議員（2022〜）。主なプロジェクトとして、全日本小学校ホームページ大賞（J-KIDS大賞）企画運営（2003〜2013）、経済産業省「未来の教室」STEAMライブラリ・デジタルシティズンシップ教材開発（2020〜）、総務省・ICT活用のためのリテラシー向上に関する検討会 構成員（2022〜）など。

付録 特典テンプレートの使い方

本書の読者向けに、授業や校務で使えるテンプレートをご用意しました。この記事を参考に、テンプレートをリメイクしてお使いください。

1 | 読者特典サイトにアクセスする

まずは、株式会社インプレスの『先生のためのPadlet入門』の商品ページにアクセスし、[特典]をクリックします。そこからCLUB Impressの会員登録を済ませてログインし、簡単なクイズに答えると、特典ページにアクセスできます。

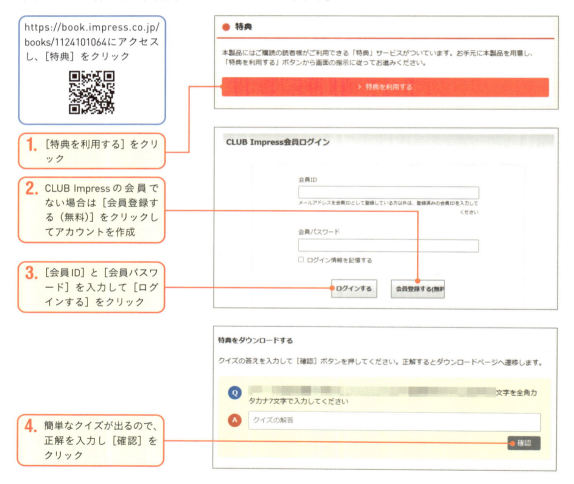

https://book.impress.co.jp/books/1124101064にアクセスし、[特典]をクリック

1. [特典を利用する]をクリック
2. CLUB Impressの会員でない場合は[会員登録する（無料）]をクリックしてアカウントを作成
3. [会員ID]と[会員パスワード]を入力して[ログインする]をクリック
4. 簡単なクイズが出るので、正解を入力し[確認]をクリック

2 | テンプレートをリメイクする

特典ページにアクセスすると、授業に流用できるテンプレートのリンクが貼ってあります。使いたいテンプレートのリンクをクリックしてPadletボードにアクセスすると、自動的にリメイクが始まり、完了するとそのボードを自分のアカウントにコピーできます。

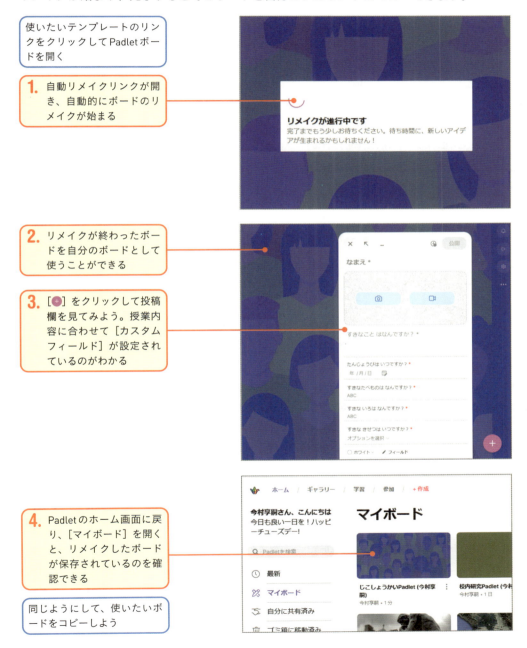

使いたいテンプレートのリンクをクリックしてPadletボードを開く

1. 自動リメイクリンクが開き、自動的にボードのリメイクが始まる

2. リメイクが終わったボードを自分のボードとして使うことができる

3. [＋] をクリックして投稿欄を見てみよう。授業内容に合わせて［カスタムフィールド］が設定されているのがわかる

4. Padletのホーム画面に戻り、［マイボード］を開くと、リメイクしたボードが保存されているのを確認できる

同じようにして、使いたいボードをコピーしよう

Index 索引

数字

1年	086, 088, 094
2年	090, 092
3年	097, 100, 102
4年	105, 108, 110, 112, 121
5年	116, 118, 121, 124, 146
6年	124, 126, 128, 131, 134, 136, 140, 143, 146

アルファベット

anonymous	025
Canva	120, 126, 127, 148, 196
ChatGPT	126
CSVとしてエクスポート	066
Excelスプレッドシートとしてエクスポート	066
Facebook	060
GIF	044
GIGAスクール構想	002, 203
Google Classroom	060
Google Earth	134
Google Jamboard	072, 140
Googleスライド	196
Googleドライブ	042
Kahoot!	196
Padlet	038
Padletの導入	080, 082, 084
PDF	039
PDFとしてエクスポート	065
QRコードを取得	025, 058
QRコードをピン留め	058
QRコード（二次元バーコード）	091, 120, 124, 160
Sandbox	072, 140, 144
SDGs	157
Spotify	045
Web検索	045
Word	039
X（旧Twitter）	060, 125
YouTube	044

あ

アイコン	048
アカウント	018
アクセスできません	068
アップロード	039
いいね	028, 050
移動教室	166
エクスポート	063
音楽	121
オーディオレコーダー	040

か

外国語	136
外部評価	016
外部連携	016
学芸会	171
学習発表会	169
学生	023
描くのを助けて	042, 121, 153, 162
カスタムフィールド	052
カスタムボード	114, 164
画像検索	043
画像生成	042, 121, 153, 162
画像としてエクスポート	063
学級活動	102

学級通信	170
家庭科	083, 140, 146
壁紙	049
カメラ	040
カラースキーム	049
感想	026, 082
カードのブレークアウトリンク	075
教師	019
共同編集	016
区切りリンク	056
ゲストティーチャー	080, 198
ゲストモード	021
研究発表	187
研修会	160
件名フィールドのプレースホルダーテキスト	050
公開	070
高等部	153
校内研究	036, 181, 184
校務	172, 174, 178, 181, 184, 187
国語	108, 126
この投稿からスライドショーを開始	061
コピー防止	054
ゴミ箱に移動	020
コメンター	068
コメント	027, 050

さ

サインアップ	019
作成者・タイムスタンプ	050
算数	110, 128, 143
指導	203, 206, 209, 211
自動リメイクリンク	057, 075, 219
社会	097, 118, 131
主体的な学び	016
自由進度学習	033, 128, 184, 202
紹介	018, 022
書写	032

審査	054, 070
シークレット―パスワード	069
シークレット―ログイン	070
シークレット	069
スクリーンレコーダー	040
スコア	050
図工	088, 102
すべてのファイルをダウンロード	067
スライドショー	061, 093, 096, 128, 137, 187
生活科	092, 094
責任のリング	204
セキュリティ	068
セクション	021, 031
説明	048
総合的な学習の時間	100, 124, 200
相互評価	016, 026
送信依頼リンク	057

た

体育	146
対話的な学び	016
テキストを音声変換	043
デジタル・コミュニケーション	203, 206
デジタル・シティズンシップ	204
添付ファイル	051
テンプレート	078
動画レコーダー	040, 141
投稿	027
投稿サイズ	049
投稿フィールド	050
道徳	086, 105
投票	042, 050
読者	068
特別活動	090
特別支援	086, 150, 153, 156, 158, 160

な

名前 025

並べ替え 099

は

描画 041

フォント 049

フォーマット 014, 030

深い学び 017

プラン 020, 023

プレビュー画像 161

ブログまたはウェブサイトに埋め込み 059

プロジェクト学習 146

プロンプトの翻訳 155

訪問者の権限 068, 167

他のアプリでシェア 060

星評価 050

本文プレースホルダーテキスト 052

ポータルサイト 084

ボード 021, 030, 047

    ウォール 021, 026, 031, 081, 082, 086, 088, 090, 094,

    098, 101, 102, 105, 108, 110, 112, 117, 118, 131, 143, 174, 184

    キャンバス 036

    ストリーム 035, 170

    ストーリーボード 033, 084, 116, 128, 132, 139, 141,

    153, 157, 158, 160, 171, 183, 187, 200

    タイムライン 032, 092, 126, 146, 166

    マップ 017, 34, 118, 124, 134, 136, 172

ボードへのリンクをコピー 024, 055

ま

モデレーター 068

問題解決型学習 202

や

やらかし 208

ユーザー設定 025

ら

ライター 068

リアクション 028, 050

理科 116, 134

リメイク 163

リンクのプライバシー 069

歴史的出来事マップ 164

ロケーション 046

スタッフリスト

ブックデザイン	米倉英弘（米倉デザイン室）

DTP＆図版作成	井上敬子
校正	東京出版サービスセンター
デザイン制作室	今津幸弘
デスク	今村享嗣
編集長	片岡 仁

寄稿

石井恵梨（八丈町立三根小学校）
照井由夏（八丈町立三根小学校）
丸山大貴（八丈町立三根小学校）
冨宅剛太（八丈町立三根小学校）
森 和哲（八丈町立三根小学校）
渡邉珠美（八丈町立三根小学校）

Special Thanks

Nitesh Goel（Padlet）
Zareen Poonen Levien（Padlet）

■商品に関する問い合わせ先

このたびは弊社商品をご購入いただきありがとうございます。本書の内容などに関するお問い合わせは、下記のURLまたは二次元バーコードにある問い合わせフォームからお送りください。

https://book.impress.co.jp/info/

上記フォームがご利用いただけない場合のメールでの問い合わせ先
info@impress.co.jp

※お問い合わせの際は、書名、ISBN、お名前、お電話番号、メールアドレス に加えて、「該当するページ」と「具体的なご質問内容」「お使いの動作環境」を必ずご明記ください。なお、本書の範囲を超えるご質問にはお答えできないのでご了承ください。

- 電話やFAXでのご質問には対応しておりません。また、封書でのお問い合わせは回答までに日数をいただく場合があります。あらかじめご了承ください。
- インプレスブックスの本書情報ページ　https://book.impress.co.jp/books/1124101064 では、本書のサポート情報や正誤表・訂正情報などを提供しています。あわせてご確認ください。
- 本書の奥付に記載されている初版発行日から1年が経過した場合、もしくは本書で紹介している製品やサービスについて提供会社によるサポートが終了した場合はご質問にお答えできない場合があります。

■落丁・乱丁本などの問い合わせ先
FAX　03-6837-5023
service@impress.co.jp
※古書店で購入された商品はお取り替えできません。

先生のためのPadlet入門
子どもの気づきと学びを育むコミュニケーションツール

2025年3月11日　初版発行

著　者　古矢岳史、二川佳祐、海老沢 穣、豊福晋平

発行人　高橋隆志

編集人　藤井貴志

発行所　株式会社インプレス
　　　　〒101-0051　東京都千代田区神田神保町一丁目105番地
　　　　ホームページ　https://book.impress.co.jp/

印刷所　シナノ書籍印刷株式会社

本書の利用によって生じる直接的または間接的被害について、著者ならびに弊社では一切の責任を負いかねます。あらかじめご了承ください。

本書の内容はすべて、著作権法上の保護を受けております。本書の一部あるいは全部について、株式会社インプレスから文書の許諾を得ずに、いかなる方法においても無断で複写、複製することは禁じられています。

ISBN978-4-295-02119-3　C0037

Copyright © 2025 Takeshi Furuya, Keisuke Futakawa, Yutaka Ebisawa and Shinpei Toyofuku. All rights reserved.
Printed in Japan